Y0-CUN-980

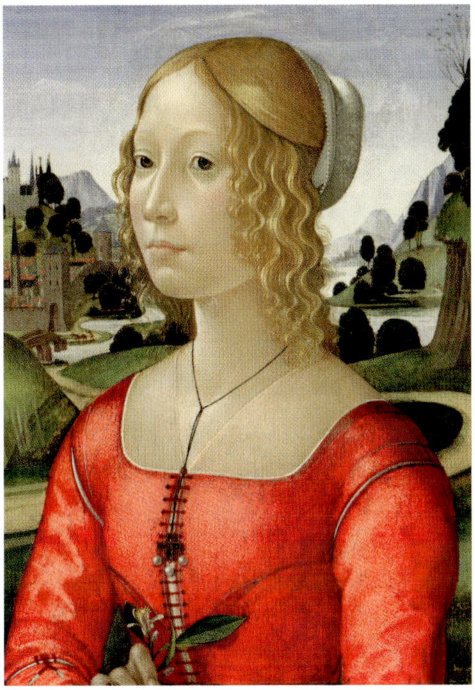

©	2011, Elisabeth Sandmann Verlag GmbH, München
	ISBN 978-3-938045-59-6
	Alle Rechte vorbehalten
Texte	Thomas Blisniewski
Redaktion	Eva Römer
Gestaltung	Kuni Taguchi
Herstellung	Karin Mayer, Peter Karg-Cordes
Lithografie	Christine Rühmer
Druck und Bindung	L.E.G.O., Vicenza

Besuchen Sie uns im Internet unter www.esverlag.de

THOMAS BLISNIEWSKI

Die Entdeckung der Frauen in der Renaissance

ELISABETH SANDMANN

INHALT

Vorwort   8

I. Künstlerinnen und Dichterinnen   16

CHRISTINE DE PIZAN   *Christine de Pizan übergibt ihr Buch Elisabeth von Bayern*   20
AGNOLO BRONZINO   *Laura Battiferri*   22
CATHARINA VAN HEMESSEN   *Selbstbildnis*   24
LAVINIA FONTANA   *Selbstbildnis am Spinett mit Dienerin*   26
SOFONISBA ANGUISSOLA   *Selbstbildnis*   28
SOFONISBA ANGUISSOLA   *Das Schachspiel*   30

II. Herrscherinnen und Mäzeninnen   32

PARIS BORDONE   *Bildnis einer Frau aus dem Hause Fugger*   36
JEAN CLOUET   *Bildnis der Margarete von Angoulême*   38
HANS HOLBEIN D. J.   *Jane Seymour*   40
TIZIAN   *Isabella von Portugal*   42
AGNOLO BRONZINO   *Eleonora von Toledo mit ihrem Sohn Giovanni de' Medici*   44
MEISTER DER HABSBURGER, NICLAS REISER?   *Maria von Burgund*   46
LUCAS CRANACH D. Ä.   *Sibylla, Emilia und Sidonia von Sachsen*   48
LUCAS CRANACH D. Ä.   *Sibylle von Cleve*   50
LEONARDO DA VINCI   *Mona Lisa*   52
RAFFAEL   *Bildnis der Maddalena Doni*   54
SOFONISBA ANGUISSOLA   *Isabella Clara Eugenia*   56
LEONARDO DA VINCI   *Porträt der Ginevra de' Benci*   58
HANS HOLBEIN D. J.   *Bildnis der Mary Wotton, Lady Guildford*   60
HANS HOLBEIN D. J.   *Dame mit Eichhörnchen und Star*   62
JOOS VAN CLEVE   *Bildnis der Eleonore von Kastilien*   64
LAVINIA FONTANA   *Bildnis der Ginevra Aldrovandi Hercolani als Witwe*   66
QUENTIN MASSYS D. J.   *Elizabeth I.*   68

III. Heilige und Kurtisanen — 70

LEONARDO DA VINCI	*Die Dame mit dem Hermelin (Cecilia Gallerani)*	74
ALBRECHT DÜRER	*Bildnis der Barbara Holper, Mutter des Künstlers*	76
PIERO DI COSIMO	*Maria Magdalena*	78
GIOVANNI GIROLAMO SAVOLDO	*Hl. Maria Magdalena nähert sich dem Grab Jesu*	80
RAFFAEL	*Madonna della sedia (Madonna della seggiola)*	82
VITTORE CARPACCIO	*Zwei venezianische Damen auf einer Terrasse*	84
PETRUS CHRISTUS	*Bildnis einer jungen Frau*	86
ALBRECHT DÜRER	*Maria mit dem Kind (Madonna mit der Birne)*	88
GIROLAMO (GEROLAMO) DI BENVENUTO	*Katharina von Siena*	90
FILIPPO LIPPI	*Verkündigung an Maria*	92

IV. Die idealisierte Frau — 94

BARTOLOMEO VENETO	*Idealbildnis einer Kurtisane als Flora*	98
SANDRO BOTTICELLI	*Die Geburt der Venus*	100
PIERO DI COSIMO	*Simonetta Vespucci*	102
SANDRO BOTTICELLI	*Profilbildnis einer jungen Frau*	104
LUCAS CRANACH D. Ä.	*Lucretia*	106
PAOLO VERONESE	*Lucretia*	108
HANS BALDUNG GEN. GRIEN	*Judith*	110
SCHULE VON FONTAINEBLEAU	*Toilette der Venus*	112
PALMA VECCHIO	*Bildnis einer jungen Dame (La Bella)*	114
JAN GOSSAERT	*Danae*	116
PIERO DEL POLLAIUOLO	*Profilbildnis einer Frau*	118
DOMENICO GHIRLANDAIO	*Porträt einer Frau*	120
MICHELANGELO	*Die Delphische Sibylle*	122
GIORGIONE, VOLLENDET DURCH TIZIAN	*Ruhende Venus*	124
TIZIAN	*Ruhende Venus (Venus von Urbino)*	126
MAERTEN VAN HEEMSKERCK	*Venus und Amor*	128

Literatur — 130
Bildnachweis — 132
Register — 134

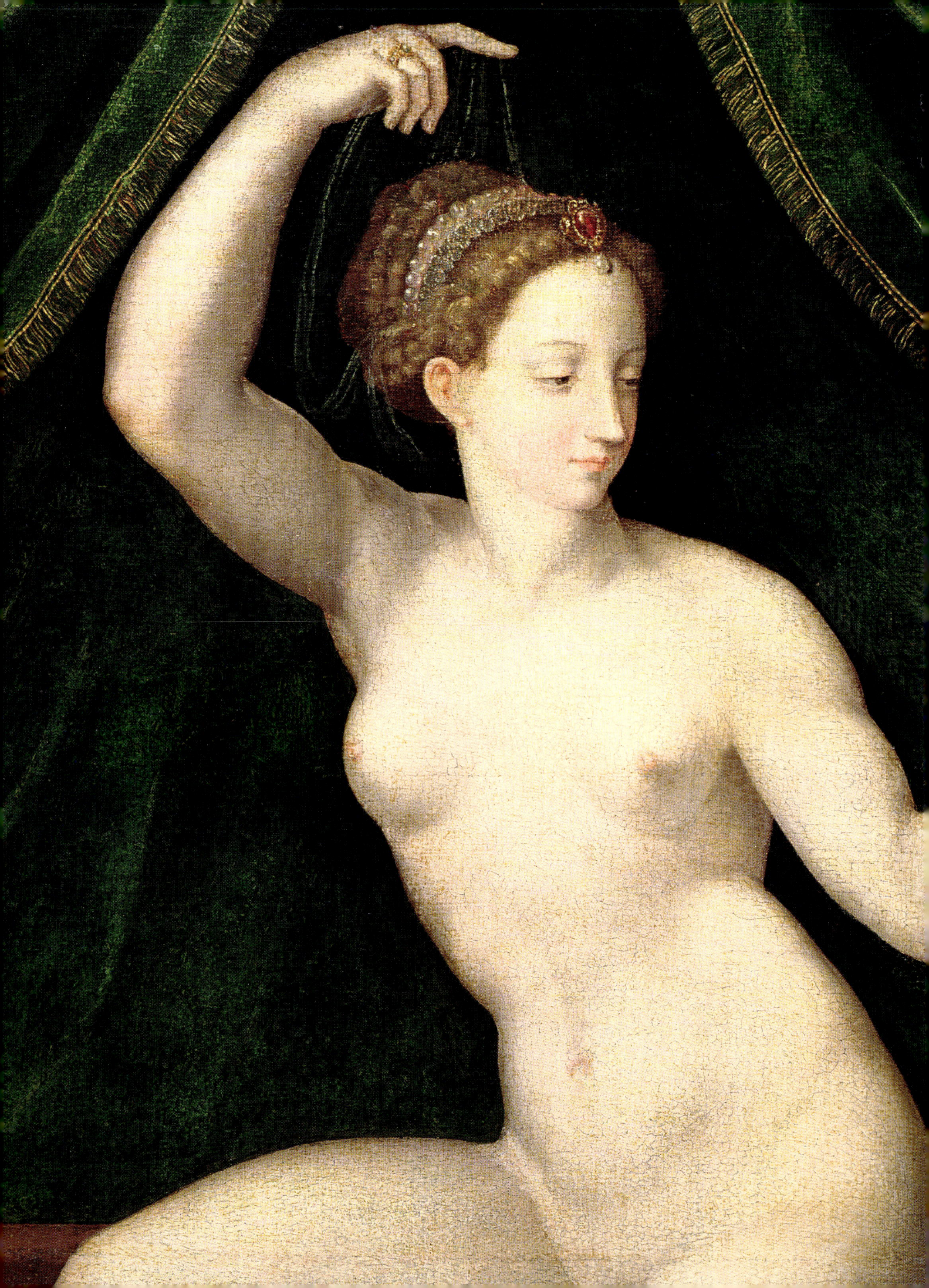

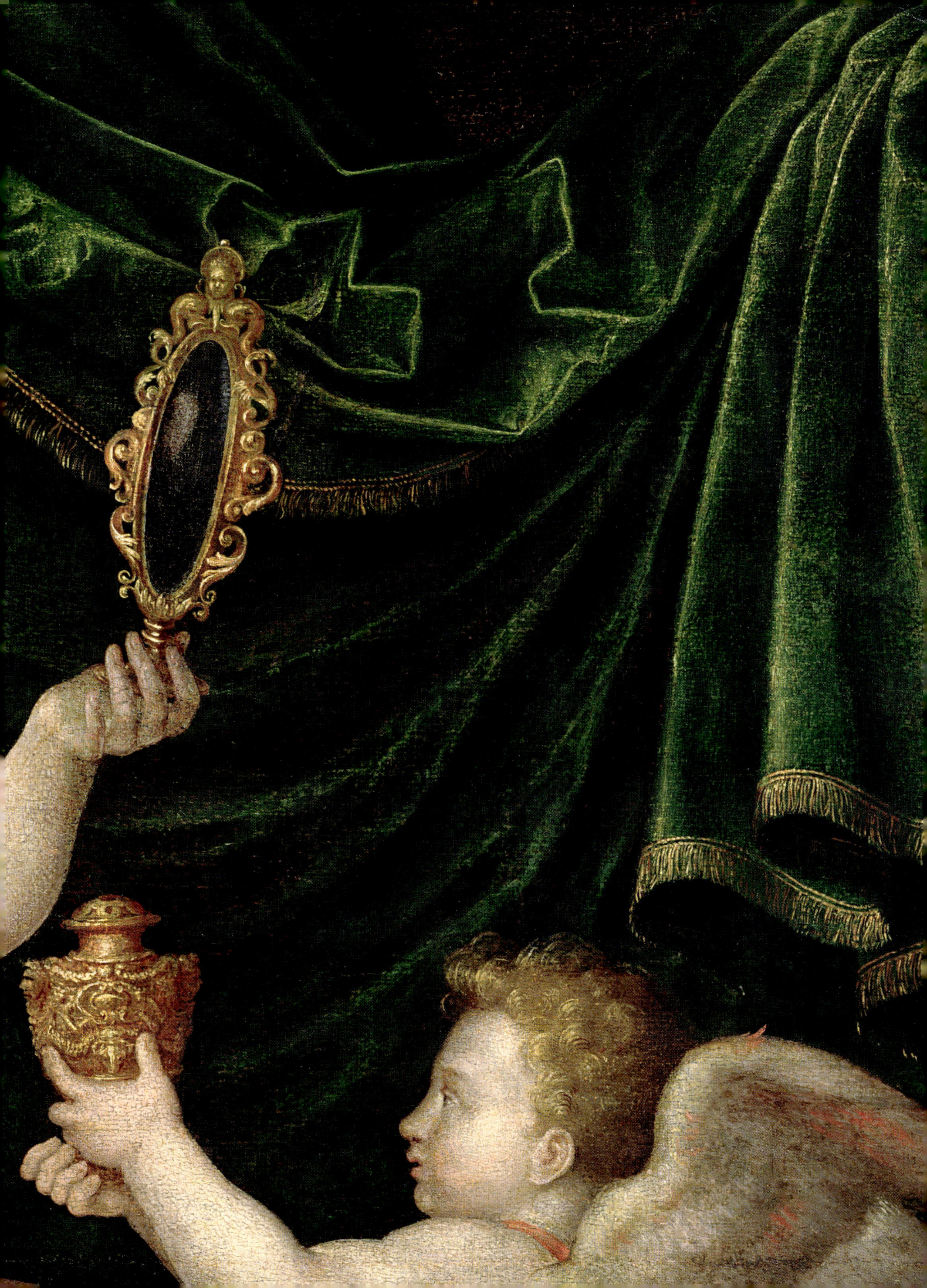

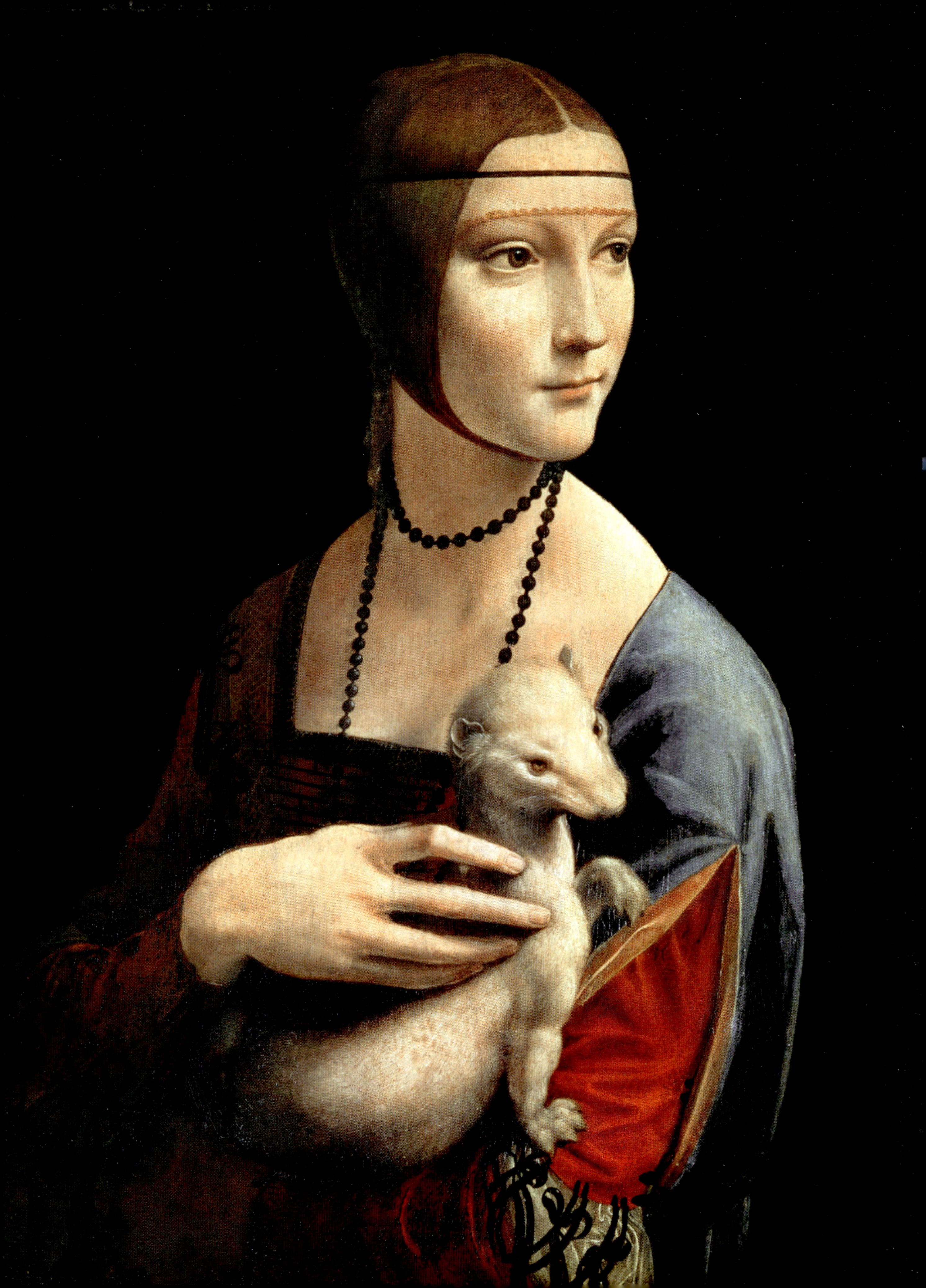

Zwischen Wandlung und Neubeginn – Aspekte der Renaissance

Die Entdeckung der Frauen« – zwei Phänomene der Renaissance: Frauen werden von Männern »entdeckt«, als Herrscherinnen, Mitregentinnen, als Dichterinnen und Malerinnen. Doch die Frauen der Renaissance entdecken auch sich selbst, entdecken, dass sie in einer Gesellschaft, die von Männern geführt und geprägt wird, Stellung beziehen können. Nicht nur an jenen Orten, an die sie von Männern traditionell gebunden wurden und verbannt worden waren, sondern auch in männlichen Domänen: der Kunst und der Politik. So ist der Titel bewusst doppeldeutig gewählt, beides soll in diesem Buch beschrieben werden.

Alle hier anversammelten Frauenbildnisse sind im 15. oder 16. Jahrhundert entstanden. Was aber bedeutet eigentlich das Wort »Renaissance«? Im Deutschen haben wir uns angewöhnt, den Begriff der »Renaissance« mit »Wiedergeburt« zu übersetzen. Weil jede Übersetzung auch Interpretation ist, ist es wichtig, genau zu sein, um den Sinn nicht zu sehr zu verändern.

Schon zu Beginn der 1950er Jahre ist der Münsteraner Germanist Jost Trier der Etymologie des Wortes nachgegangen. Die treffende deutsche Übersetzung des Wortes wäre das heute weitgehend vergessene Wort »Wiederwachs« oder auch »Wiederwuchs«. Beide Begriffe stammen nicht aus dem theologischen Umfeld wie »Wiedergeburt«, sondern aus der Forstbotanik beziehungsweise der Niederwaldbewirtschaftung und meint Folgendes: Ein Baum, eine Hecke ist gekappt worden und schlägt wieder aus. Das bedeutet, dass noch Elementares des Baumes oder der Hecke sichtbar und vorhanden sein muss. Die neuen Triebe kommen aus dem Alten hervor, das Alte besitzt die Kraft des Wiedererwachsens: die *potestas renascendi*. In diesem Sinne sind Wort und Wortfeld (franz.: *renaissance*; ital.: *rinascita*; lat.: *renasci*) in der Antike und in der Zeit um 1500 verwandt worden. Auch bei zerstörten Städten, die auf ihren Ruinen wiederaufgebaut wurden, bediente man sich des Begriffs »Renaissance«, aber es geht damit eine inhaltliche Akzentverschiebung einher: Zwar entsteht Neues, doch das Neue entsteht auf den Stümpfen, den Resten des Vergangenen. Das ist wichtig, da auch das Mittelalter *seinen* Zugang zur Antike hatte. Wären in den Klöstern des Mittelalters nicht die Manuskripte der antiken Dichter und Philosophen bewahrt und kopiert worden, worauf hätten die Humanisten der Renaissance zurückgreifen sollen?

Wie unterscheidet sich nun die Kunst der Renaissance von der des späten Mittelalters? Die Abgrenzung der Epochen ist schwierig, da künstlerische Auseinandersetzungen mit der Umwelt und Wandlungsprozesse im Stil kontinuierlich verlaufen, sich langsam – manchmal auch sprunghaft – entwickeln. Zu den Unterscheidungsmerkmalen gehört das Orientieren – oder Nichtorientieren – der Kunst an der Natur. Das Interesse der naturnahen Darstellung entwickelt sich besonders zu Beginn des 15. Jahrhunderts in den Niederlanden, wo man beginnt, mit nie da gewesener Detailversessenheit Pflanzen und alltägliche Gegenstände naturalistisch abzubilden. Da die italienischen Handelshäuser in den Niederlanden Zweigniederlassungen unterhielten, kamen auch die Künstler Italiens – vor allem durch importierte Kunstwerke – schon früh mit dem Naturalismus der Niederlande in Kontakt. Diesseits und jenseits der Alpen geht es bald über das reine Nachahmen von Natur hinaus, indem der Wunsch entsteht, Natur zu überbieten, Mängel der Natur im Kunstwerk auszugleichen. So entsteht das »Kunstschöne«, denn Schönheit ist jetzt nichts mehr, das nur der Natur vorbehalten wäre. Das »Naturschöne« und das »Kunstschöne« treten in Konkurrenz zueinander, und es ist das »Kunstschöne«, das vom Künstler Geschaffene, das bewundert wird und den Sieg davonträgt. Der Künstler wird – mit aller Vorsicht formuliert – zu einem »Schöpfergott«, der Neues mit seinem Können erschafft.

Künstler versuchen, die Gesetzmäßigkeit des Schönen aufdecken zu wollen, und so beginnt zum Beispiel Albrecht Dürer (1471–1528), Menschen zu vermessen. Aufgrund der erworbenen Maße entwickelt er eine Proportionslehre, um auf deren Grundlage den idealschönen Menschen darzustellen. Überall wird versucht, künstlerische Äußerungen zu normieren, Regeln aufzustellen. Mit alledem ist das Selbstbewusstsein der Künstler und deren Fremdwahrnehmung sehr eng verbunden. Michelangelo wagt es, Papst Julius II. durch eine plötzliche Abreise zu brüskieren, was nicht nur dem aufbrausenden Temperament des Künstlers geschuldet ist, sondern auch dessen Selbsteinschätzung (siehe Seite 123). Die Gründung der *Accademia del Disegno* 1563 in Florenz, einer »akademischen Ausbildungsstätte«, ist ein weiteres Zeichen der neuen Zeit. Spätestens jetzt hat sich die bildende Kunst auch formal vom bloßen Handwerk emanzipiert. Viele gelehrte Humanisten und humanistisch geprägte Künstler beginnen, Traktate über die Kunst zu verfassen, in denen auch Regeln, die der Künstler beachten soll, aufgestellt werden. Als Autoren sind hier vor allem zu nennen: Leon Battista Alberti (1404–1472), Piero della Francesca (um 1415–1492), Leonardo da Vinci (1452–1519), Albrecht Dürer (1471–1528), Giorgio Vasari (1511–1574).

Renaissance bezieht sich auf das Vorbild der Antike. Die Antike ist es, die neue Zweige treibt, in Venedig, Florenz, Siena und Rom, in Brügge, Gent, Augsburg und Nürnberg, in Fontainebleau und Paris – und an vielen anderen Orten. Die Schriften der antiken Autoren und Philosophen werden – vor allem in Basel und Venedig – gedruckt und sind ab jetzt für sehr viel mehr Menschen verfügbar und einsehbar. Gute Kenntnisse des Lateinischen und des Griechischen gehören zum Bildungskanon in ganz Europa. Daneben setzen sich aber auch die Volkssprachen durch. Von der Bibel bis zu Ovids Metamorphosen werden antike Texte in die Volkssprachen übertragen. Letztlich aber ist die Antike Beispiel und Vorbild für fast alles – bis hin zur Namensgebung der Kinder (siehe Anguissola, Seite 30).

Im Januar 1506 wurde in Rom die Laokoon-Gruppe (heute im Vatikan) ausgegraben. Sogleich entstand eine große Begeisterung für das aufgefundene Meisterwerk, das augenblicklich und in der Folgezeit so sehr auf Künstler wirkte. Heute unterscheidet die Archäologie zwischen griechischen Originalen und römischen Kopien. Für die Zeit der Renaissance galten alle noch als Originale, und entsprechend groß war die Ehrfurcht vor den Meisterleistungen der Vorderen. Die Vorbildhaftigkeit der antiken Plastik führt zu spannenden Verschmelzungen, wenn etwa der Kopf des leidenden Jesus Christus seit der Renaissance bis ins 18. Jahrhundert immer wieder in der Art des Laokoon-Kopfes modelliert und gemalt wird. Dies zeigt die geradezu dogmatische Wirkung antiker Kunst: Laokoons Schmerz und Leid werden prototypisches Leiden, das ohne Weiteres auf Jesus übertragen werden kann.

Eng verbunden mit der Vorbildhaftigkeit der Antike, ist das Darstellen von Nacktheit. Galt Nacktheit im Mittelalter als Zeichen von Ausschweifung und Unmoral – sieht man von der natürlichen Nacktheit bei der Geburt oder beim Baden ab –, so ändert sich diese Sichtweise in der Renaissance. Nacktheit bleibt zwar grundsätzlich Zwielichtiges, das begründet werden muss, doch begründet, ist sie tragbar. Oder anders: Um antike Gottheiten oder Allegorien darzustellen, ist Nacktheit erlaubt, da sie durch das höhere Ziel der Belehrung gerechtfertigt wird. Der Glaube, alle Nacktheiten der Renaissance wären der Antike entlehnt und geschuldet, ist jedoch falsch. Auch in der Antike, selbst in der Kaiserzeit, war es nicht üblich, Athene oder andere jungfräuliche Gottheiten entblößt zu zeigen. Das Gewand mag das eine oder andere Mal nicht korrekt am Platze sitzen, doch Nacktheit dieser Göttinnen war tabu. Im Mittelalter hingegen wurden auch Athene, Diana und all die anderen keuschen weiblichen Gottheiten entkleidet, um sie als heidnisch-verwerfliche Gestalten vorzuführen. Diese mittelalterlichen Verfahrensweisen tradieren sich dann in die

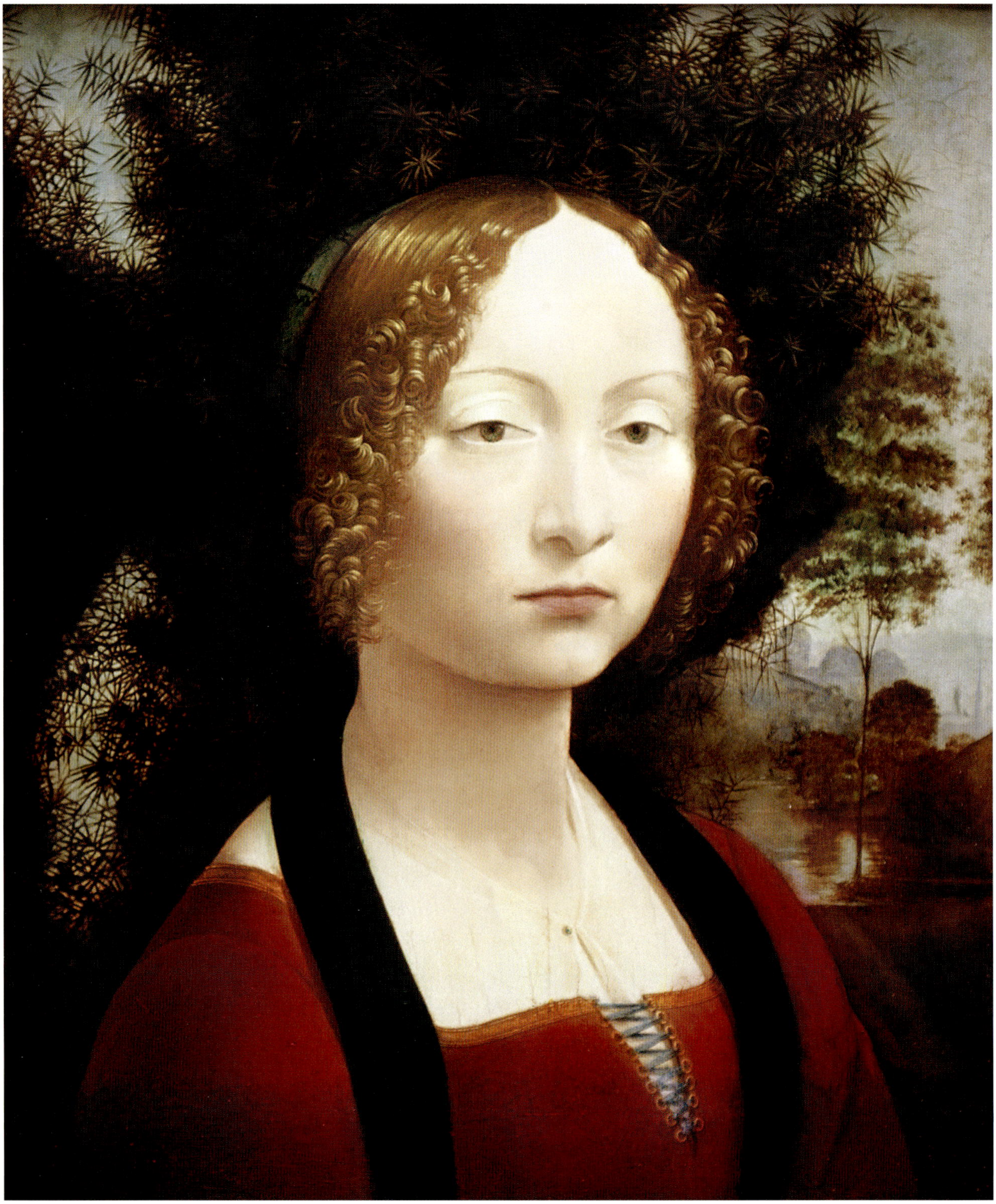

Renaissance. Für viele Göttinnen gibt es keine nackten Vorbilder aus der Antike, so ist ihre Nacktheit mittelalterliches Erbe in der Renaissance. Der Eindruck, dass dieser Gebrauch von Nacktheit von allen unwidersprochen hingenommen worden wäre, darf nicht entstehen. Vonseiten der Reformorden (zum Beispiel Dominikaner, Franziskaner) gab es heftigen Widerspruch, bis schließlich bei unzähligen Figuren, die als anstößig empfundene Nacktheit abgemildert wurde. Dies geschah vor allem im Zusammenhang mit dem Konzil von Trient (1545 – 1563), bei dem die katholische Kirche auf die Reformation in Deutschland reagierte und ihrerseits eine Kirchenreform begann (Gegenreformation). Das Konzil formuliert dazu 1563 (Jäger, Seite 173): »Darüber hinaus soll (...) alle Sinnlichkeit vermieden werden, so daß die Bilder nicht gemalt oder ausgestattet werden mit verführerischen Reizen.«

Im 15. und 16. Jahrhundert verstärkt sich auch das Interesse am Individuum. Dies ist ein Prozess, der eng mit der Frömmigkeitsentwicklung – vor allem des Franziskanerordens – verbunden ist. Die Glaubenden erobern sich gleichsam einen eigenen, individuellen Anteil an der Verehrung Gottes, in dem religiöse Bräuche ins Private verlagert werden. Natürlich bleiben die gemeinsame Feier der Heiligen Messe und weitere kirchliche Zeremonien Zentrum der Frömmigkeit. Daneben entwickeln sicher aber auch private Frömmigkeitsbräuche, etwa das Beten des Rosenkranzes, der um 1470 / 1475 die ältere Paternoster-Schnur ablöst und bald in ganz Europa verbreitet ist. Ihn kann der Glaubende überall – und auch alleine – beten.

Vom Interesse am Individuum, vom Selbstbewusstsein der Künstler, das damit verbunden ist, war eben schon die Rede. Das Interesse erstreckt sich naturgemäß auch auf die Darstellung des und der Einzelnen. Eine Fülle von Porträts entsteht, die losgelöst ist von der älteren Tradition, Individuen vor allem als Stifter religiöser Tafelbilder darzustellen. Kennzeichen der Renaissance ist es daher auch, dass für Künstler private Auftraggeber immer mehr an Bedeutung gewinnen, die zudem profane Bildthemen favorisieren. Gab es zuvor Porträts vor allem im Kontext religiöser Stiftungen, um an die guten Taten des Dargestellten zu erinnern, oder auch als Aufforderung, für ihn zu beten, so werden nun mehr Porträts angefertigt, die rein weltlichen Bezug haben. Dass auch bei ihnen der Erinnerungscharakter im Vordergrund steht, ist verständlich, geht es beim Porträtieren doch stets darum, das Antlitz eines Menschen für die Nachwelt zu erhalten. Die meisten Porträts, die in diesem Buch versammelt sind, zeigen Frauen, die relativ unbeteiligt wirken. Es entsprach nicht den gesellschaftlichen Gepflogenheiten und Umgangsformen, Emotionen zu zeigen, geschweige denn, sich emotionalisiert abbilden zu lassen. So wirken die jungen und die älteren Frauen unbeteiligt, und manches Mal bedarf es einer symbolhaften Zutat im Bild, um Dargestelltes näher zu charakterisieren: ein Hund als Zeichen der Treue oder ein Taschentuch als Verweis auf den verlorenen Ehegatten (siehe Anguissola, Seite 57).

Den Bildern kommen neue, außerhalb der Religion liegende Funktionen zu. Dass es weltliche Kunst auch im Mittelalter gab, versteht sich von selbst. Diese fand sich aber fast ausschließlich in der Bildteppichkunst, der Buchkunst und der angewandten Kunst.

Im 15. und 16. Jahrhundert werden vermehrt Tafelbilder geschaffen, die sich mit antiken Mythen auseinandersetzen. Botticellis »Geburt der Venus« (siehe Seite 100) ist sicher eines der schönsten und bekanntesten Werke dieser Art. Die Funktion solcher Bilder ist immer auch, den Betrachter zu erfreuen *und* zu belehren. Außerdem dokumentieren Auftraggeber – und später nachfolgende Eigentümer – ihren Kunstsinn, ihren Bildungsstand und ihr finanzielles Vermögen. Kunst ist somit eng mit den herrschenden sozialen Rahmenbedingungen verwoben, denn sich als Mäzen zu erweisen gehört an den meisten fürstlichen Höfen zum Üblichen. Auch auf diese Weise wird Unsterblichkeit in der Erinnerung gewährleistet.

Handelte es sich bei Gemälden mit christlichen Bildinhalten vor allem um Auftragskunst, so entwickelt sich im späten 15. und frühen 16. Jahrhundert auch eine Frühform des Kunstmarktes und Kunsthandels. Vor allem Druckgrafiken, die in diesem Buch nicht vertreten sind, werden in Auflagen gedruckt und müssen verkauft werden. Gleichzeitig gibt es nun auch schon Grafiken, die als »Künstlergrafik« gesammelt werden, was auf das nächste neue Phänomen, das Kunstsammeln und die Kunstsammlung, hinweist. Mit Sammlungen sind immer repräsentative Akte verbunden, doch ist Sammeln auch das Zutragen und Aufbewahren von Gegenständen, mit denen der Sammler etwas verbindet: Sei es die Freude an der Schönheit oder Kostbarkeit des Objektes, sei es die Freude am Aufgefundenhaben, wobei das Sammelstück dann zu einer Trophäe wird. Aber auch der Wunsch, die große Welt im Kleinen abzubilden, kann ein Sammelbeweggrund sein, und so entstehen die »Kunst- und Wunderkammern«. Oft an Fürstenhöfen, doch auch bei Stadtpatriziern angesiedelt, werden Kunstwerke und seltene Naturobjekte (Korallenäste, Kokosnüsse, Straußeneier, Mineralien etc.) zusammengetragen und gemeinsam ausgestellt. Das Sammeln bekommt eine didaktische, eine unterrichtende und belehrende Funktion. »Wunderkammern« sind die Vorläufer der heutigen Museen, auch wenn das wissenschaftliche Erforschen und die allgemeine, öffentliche Zugänglichkeit noch fehlen. Über Naturalien werden außerdem die Blicke auf die neuen Welten, die die Seefahrer für die Handelsherren erschlossen, gelenkt. Die frem-den Welten werden nicht nur ausgebeutet, sie werden auch als Neues und Unbekanntes wahrgenommen.

Porträts sind immer Medien der Erinnerung. Mit Erinnerung ist der Wunsch verbunden, im Gedächtnis der Nachfahren lebendig zu bleiben. Dies ist auch der Grund für die Existenz der meisten in diesem Buche versammelten Frauenbilder. Viele sind Porträts von Frauen, die durch Geburt in Rollen und Ämter gelangten, die von ihnen oft mit erstaunlicher Souveränität und Geschicklichkeit versehen wurden.

Aus heutiger Perspektive sind vielleicht die Dichterinnen und Malerinnen der Renaissance spannender. Auch ihnen gelang es, sich in einer Männerwelt zu positionieren, und das mit Tätigkeiten, die Männer Frauen nicht zutrauen mochten.

Als Heilige hatten Frauen schon seit Anbeginn des Christentums eine besondere Stellung inne, ist doch Maria, die Muttergottes, die wichtigste aller Heiligen. Allerdings waren die meisten weiblichen Heiligen Jungfrauen – von sehr wenigen Ausnahmen, etwa der hl. Helena, der Mutter Kaiser Konstantins, abgesehen. Insofern nehmen sie eine gesonderte Rolle und Funktion ein, da ein Teil ihrer Weiblichkeit damit außer Funktion gesetzt ist. Fast die gesamte Körperlichkeit ist so ausgeschlossen (sieht man von Kasteiungen oder visionären Körpererfahrungen ab). Eine wichtige Sonderstellung nimmt die hl. Maria Magdalena ein, die als vermutete ehemalige Prostituierte durch Christus selbst von ihren Sünden erlöst wurde. Sie ist *die* Identifikationsfigur sündiger Menschen (siehe di Cosimo, Seite 78, und Savoldo, Seite 80) schlechthin.

Die meisten der oben beschriebenen Phänomene spielten sich in einer hierarchischen Männergesellschaft ab, zu der aber auch nicht alle Männer Zugang hatten. Doch es gab Frauen, denen es gelang, die Macht der Männer zu brechen und gleichzeitig zu beweisen, dass auch Frauen großartige Kunstwerke herzustellen vermögen. Diesen Frauen gebührt Erinnerung und Verehrung – ihnen allen, den Genannten und Ungenannten und ihren Nachfolgerinnen, sei dieses Buch gewidmet.

KAPITEL 1

Künstlerinnen und Dichterinnen

»Als ob sie in uns den Ruhm der Überlegenheit nehmen wollten«

Sicherlich hat man aber in keinem anderen Zeitalter dies besser erkennen können als in dem unseren, in welchem die Frauen größten Ruhm erworben haben, zunächst durch Beschäftigung mit der Literatur, wie es die Frauen Vittoria del Vasto, Veronica Gambara, Caterina Anguisola, Schioppa, Nugarola, Madonna Laura Battiferri und hundert andere getan haben, welche in der Vulgärsprache sowohl als im Lateinischen und Griechischen von großer Gelehrsamkeit waren; aber auch auf allen anderen Gebieten haben sie sich hervorgetan. Als ob sie in uns den Ruhm der Überlegenheit nehmen wollten, haben sie sich keineswegs geschämt, mit ihren zarten und weißen Händen die mechanischen Gewerbe, den rauhen Marmor und das scharfe Eisen anzugreifen, um ihren Ehrgeiz zu befriedigen und Ruhm davonzutragen, so wie es in unseren Tagen Properzia de'Rossi aus Bologna tat, eine junge Frau von Tugend und Verstand nicht nur in den häuslichen Dingen, wie die anderen Frauen, sondern auch in zahlreichen Wissenschaften, so daß nicht nur die Frauen, sondern alle Männer gegen sie voller Neid waren.« (Jäger, S. 169)

Dies schreibt Giorgio Vasari (1511–1574) in seinen Künstlerviten, die 1550 zum ersten Mal erschienen sind. Vasaris Selbstbewusstsein als Mann ist unerschütterlich, keine Frau kann den Männern den »Ruhm der Überlegenheit« nehmen. Und seine latente – trotz aller lobenden Anerkennung – Frauenfeindlichkeit zeigt sich darin, dass er die hausfraulichen Fähigkeiten lobt. Wer würde von einem Maler berichten, dass er auch gut Holz hacken oder Gärten umgraben könne?

Der Kunst- und Literaturbetrieb während der Renaissance – gleich, ob diesseits oder jenseits der Alpen – war männlich dominiert. Die öffentliche Rolle von Frauen beschränkte sich weitgehend darauf, dann und wann ein Kunstwerk zu stiften, sofern die finanziellen Mittel vorhanden waren. Ansonsten war der Platz, der Frauen zugewiesen wurde, im Hause. Ist die Hausfrau zwar ans Haus gebunden, so ist sie doch bezeichnenderweise auch Haus*herrin* über das Personal und überwacht dessen Arbeit.

Verließen Frauen den ihnen gesteckten Rahmen, dann führte das in aller Regel zu Akzeptanzproblemen, was eine freundliche Umschreibung ist. Männer taten sich schwer, gebildete, fähige Frauen zu akzeptieren – oder sie gar in ihre Männerbünde aufzunehmen; es sind nur sehr wenige Frauen, denen dies im 15. oder 16. Jahrhundert gelang. Allen diesen Frauen scheint gemeinsam zu sein, dass sie Väter, Eltern hatten, die sich um die Erziehung und (Aus-)Bildung ihrer Töchter kümmerten und sorgten. Das häusliche, bildungsnahe Umfeld spielte dabei offenbar eine entscheidende Rolle. (Sicher gab es auch in den Klöstern solche Frauen, denen aber wohl die Öffentlichkeit versagt blieb.)

In diesem Kapitel werden Dichterinnen wie Christine de Pizan (siehe Seite 20) und Laura Battiferri (siehe Seite 22) dargestellt, die beide mit ihren Dichtungen Anerkennung und Nachhall erfuhren, ja Christine de Pizan kann sogar als eine der ersten Frauenrechtlerinnen angesehen werden. Die anderen Frauen sind Malerinnen, die mit Selbstporträts vertreten sind. Dieser Gattung wurde der Vorzug gegeben, weil Selbstporträts auch immer Spiegelungen der Selbstsicht, Selbsteinschätzung und Selbstinszenierung sind. Catharina van Hemessen und Sofonisba Anguissola etwa stellen sich selbst als Malerinnen beim Malen dar, während Lavinia Fontana sich als Musizierende zeigt.

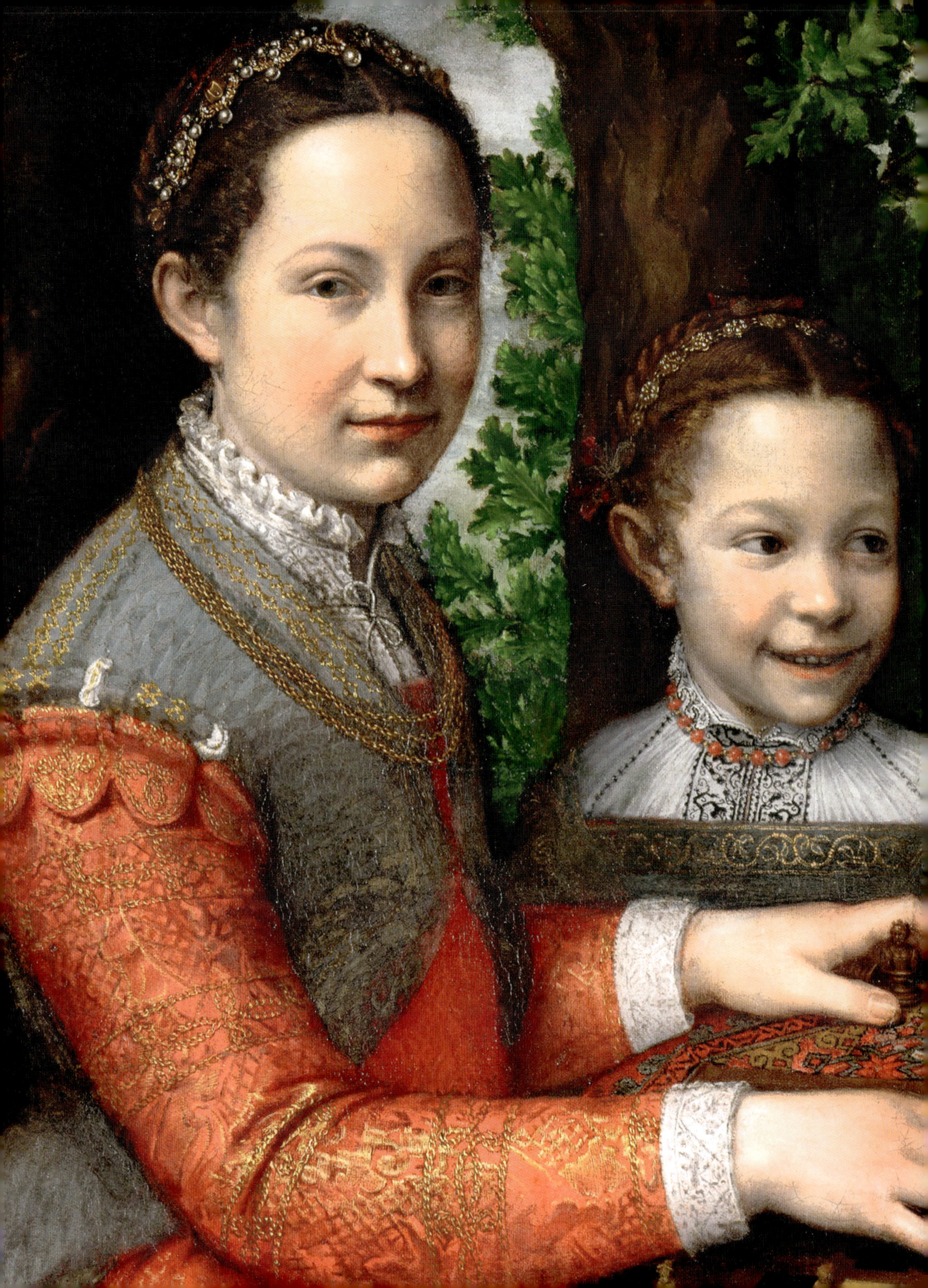

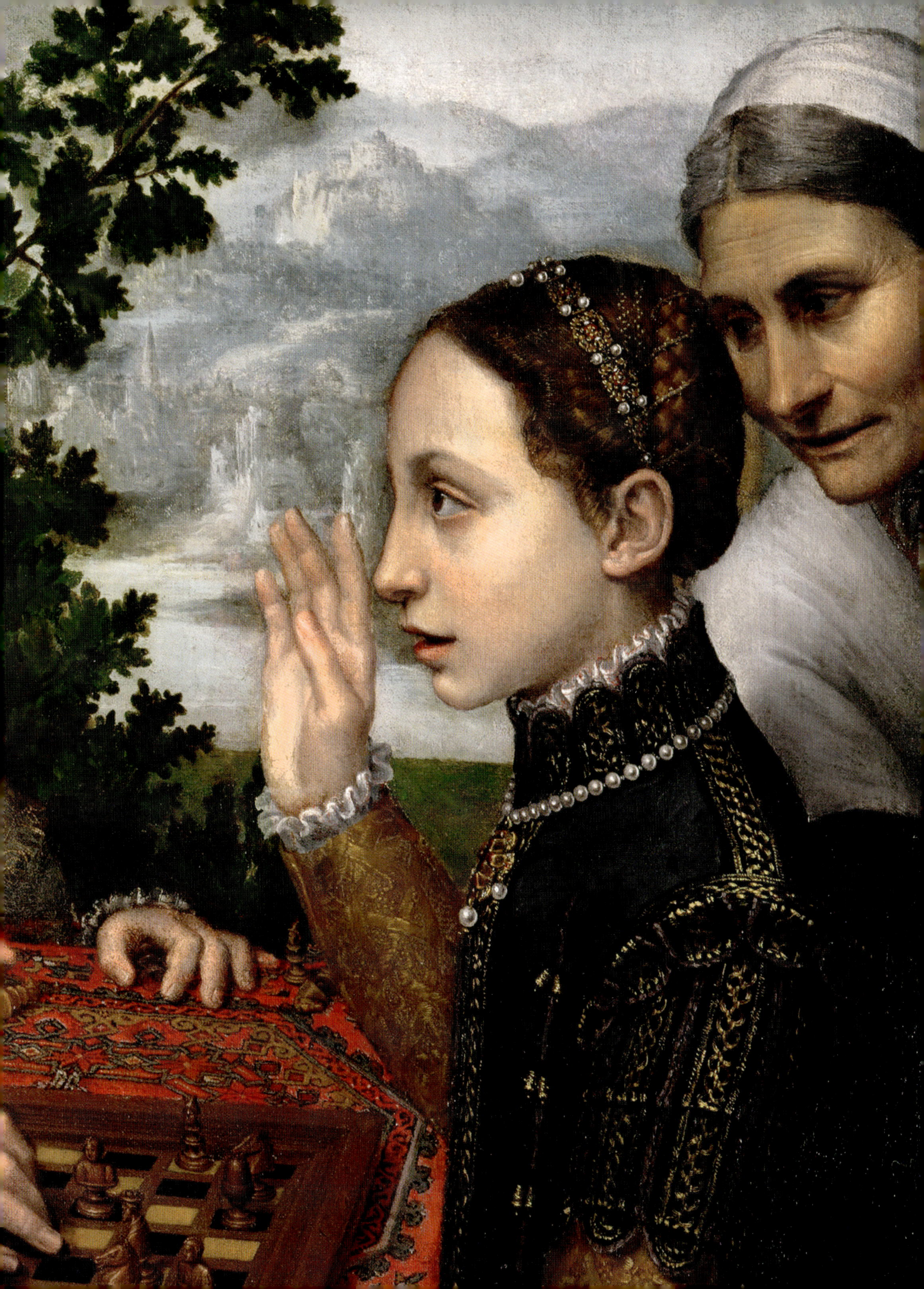

CHRISTINE DE PIZAN

Christine de Pizan war zu ihren Lebzeiten (1365 – um 1430) eine Berühmtheit, kämpfte sie doch zu einer Zeit, in der Frauen kaum Einfluss im öffentlichen Leben hatten, literarisch für Frauenrechte. Deshalb war sie auch für die Frauenbewegung im späten 20. Jahrhundert von Interesse, und so liegt unter anderem ihr 1405 fertiggestelltes Buch »Die Stadt der Frauen« (»*Le Livre de la Cité des Dames*«) in deutscher Übersetzung vor. Darin zeigt Christine de Pizan mit vielen Beispielen, dass es durchaus mutige, tapfere, verschwiegene und keusche Frauen gibt, und widerlegte so männliche Vorurteile.

Schon früher war sie gegen den im 13. Jahrhundert entstandenen »Rosenroman« (»*Roman de la Rose*«) zu Felde gezogen. Dieser Roman war bis in das 16. Jahrhundert in Frankreich ungemein populär und übte seit seiner Entstehung großen Einfluss auf Literaten aus. Guillaume de Lorris begann den Roman um 1235, konnte ihn aber, da er um 1240 starb, nicht vollenden. Seit etwa 1275 setzte Jean de Meung das Werk fort und vollendete es gegen 1280. Von ihm stammen mehr als 80 Prozent der rund 22.000 Verse. De Meung ist es, der Christines Zorn erregte, da er fortwährend übelste Bemerkungen über Frauen machte. Mit ihrem Protest gegen derartige Frauenfeindlichkeit löste Christine de Pizan eine der frühesten literarischen Debatten aus.

Als Tochter eines Astrologen 1365 in Venedig geboren, kam Christine de Pizan mit vier Jahren nach Paris, wo ihr Vater zum Hofastrologen des französischen Königs Karl V. berufen worden war. Von ihrem Vater erhielt sie auch ihre vielseitige Ausbildung. Nach dem Tod ihres Ehemannes und als Mutter mehrerer Kinder war Christine de Pizan gezwungen, durch Schreiben den Lebensunterhalt zu verdienen. Es war üblich, hochrangigen Personen kostbare Handschriften zu widmen und zu schenken, wofür man dann als Gegengabe eine finanzielle Zuwendung erhielt. Ein solches Überreichen ist auf der Miniatur dargestellt: Im Repräsentationsschlafzimmer der französischen Königin Elisabeth von Bayern (um 1370 – 1435) kniet Christine demütig nieder und überreicht der Mäzenin eine Handschrift mit eigenen Werken.

Christine de Pizan, 1365 – um 1430
Christine de Pizan übergibt ihr Buch Elisabeth von Bayern, um 1411/12, London, British Library

LAURA BATTIFERRI

Streng und unnahbar sieht Laura Battiferri aus. Kopf und langen Hals schiebt sie leicht vor, was ihr ebenmäßiges, langes Kinn und die ebenfalls große, etwas hakige Nase betont. Ein Buch hält sie in den Händen, und man könnte sie fast für eine strenge, prophetische Sibylle halten, zeigte sie nicht auf eine Stelle aus Francesco Petrarcas (1304–1374) »Sonette an Laura«. Offenbar spiegelt sich Laura Battiferri doppelt in dieser Geste: Sie bezieht sich auf den Namen, der durch Petrarca unsterblich geworden ist, und sie verknüpft ihr eigenes Tun mit dem Petrarcas: Auch sie ist eine berühmte Dichterin, die in Florenz mit ihren Sonetten große Beachtung fand.

In zweiter Ehe war Battiferri mit dem Florentiner Bildhauer Bartolomeo Ammanati (1511–1592) verheiratet. So kam sie mit vielen Berühmtheiten der Zeit in Kontakt und in Verbindung. Mit dem Dichter Torquato Tasso (1544–1595) ebenso wie mit dem genialen Goldschmied und Bildhauer Benvenuto Cellini (1500–1571). Auch mit Agnolo Bronzino (1503–1572), der dieses Porträt von ihr malte. Bronzino schuf damit eines der interessantesten und ungewöhnlichsten Porträts der italienischen Renaissance.

Battiferris Dichtung fand auch am spanischen Hofe Beachtung und Freunde, was nicht verwundert, denn die Dichterin war strenge Katholikin und Befürworterin der katholischen Reformbewegung. Die hochgeschlossene Kleidung und der Schleier weisen indirekt auf das Konzil von Trient (1545–1563) hin, das auf die reformatorischen Lehren Luthers reagierte und gleichzeitig zu einer moralischen und institutionellen Erneuerung der katholischen Kirche und des Katholizismus führte.

Als Befürworterin der Jesuiten, die sich energisch gegen die Reformation wandten, setzte Battiferri sich wenige Jahre vor ihrem Tode intensiv für den Bau einer Jesuitenkirche in Florenz, San Giovanni degli Scolopi, ein, die ihr Ehemann plante. Battiferri und Ammanati wurden später in dieser Kirche, die unweit ihres Wohnhauses entstanden war, gemeinsam beigesetzt.

Agnolo Bronzino, 1503–1572
Bildnis der Laura Battiferri, 1550/60, Florenz, Palazzo Vecchio

CATHARINA VAN HEMESSEN

Ich Catharina van Hemessen habe mich gemalt 1548. Ihres Alters 20, steht selbstbewusst, lateinisch auf dem Autoporträt der jungen Malerin, deren Vater, Jan van Hemessen, ebenfalls Maler war und seine Tochter wohl ausgebildet hat.

Die Malerin zeigt sich 1548 malend an der Staffelei mit Malstock, Pinsel und Palette, was in der Mitte des 16. Jahrhunderts gerade in Mode kam. Zuvor dominierten Selbstbildnisse, denen die Attribute des Malers fehlten und die Maler als Bürger zeigten. Wie Sofonisba Anguissola ein paar Jahre später (siehe Seite 28), trägt auch van Hemessen keine Arbeitskleidung, aber in solch kostbarer samtener Gewandung wird sie kaum an der Staffelei gesessen haben.

Was sie gerade malt, ist fraglich, denn nur ein Kopf ist bereits auf der Tafel angedeutet. Malt sie sich beim Malen ihres Selbstporträts, oder malt sie sich beim Malen eines anderen Sujets? Die Frage kann nicht beantwortet werden, aber sicher ist: Sie malt sich nicht als Nachfolgerin des heiligen Lukas wie Sofonisba Anguissola, die etwas jüngere italienische Malerkollegin.

Es ist vermutet worden, dass eine Frau sich ohnehin nicht mit einem männlichen Heiligen identifizieren könne. Wenn dieser Heilige aber auch der Schutzheilige eines ganzen Berufsstandes ist? Vielleicht sehen wir hier aber auch eine ganz bewusste Abwendung von der religiösen Konnotation des Lukasbildes und seiner langen Tradition im westlichen wie im byzantinischen Kunstkreis. Dann rückt vielleicht eine antike Malerin ins Blickfeld: Marcia, die in Giovanni Boccaccios »Berühmten Frauen« (um 1360–70) wieder Erwähnung findet; »De claris mulieribus« wurde häufig übersetzt und von anderen Autoren rezipiert. So läge es nicht fern, dass van Hemessen Kenntnis hatte von jener Malerin, die Boccaccio als »Jungfrau« rühmte und von der er berichtet, sie habe mithilfe eines Spiegels ein Selbstbildnis von sich gemalt.

Catharina van Hemessen, 1528 – nach 1567
Selbstbildnis, 1548, Basel, Kunstmuseum

Lavinia Fontana, 1552–1614
Selbstbildnis am Spinett mit Dienerin, 1577, Rom, Accademia Nazionale di San Luca

LAVINIA FONTANA

Die Malerin Lavinia Fontana gehört zu den wenigen bedeutenden Malerinnen der späten Renaissance. Wie Catharina van Hemessen (1528 bis 1567) (siehe Seite 24) oder später Artemisia Gentileschi (1593 – um 1653), hatte Lavinia Fontana das Glück, einen Maler als Vater zu haben, der sie ausbildete. Als junge Frau in die Werkstatt eines Malers einzutreten war im 16. Jahrhundert mit erheblichen Schwierigkeiten verbunden, sodass die Ausbildung durch einen nahen Verwandten oft die einzige Möglichkeit war, Malerin zu werden.

Lavinia Fontana wurde eine vorzügliche Malerin und wurde als Frau sogar in die *Accademia di San Luca* aufgenommen, was höchste Anerkennung durch ihre männlichen Kollegen bedeutete. Lebte die Künstlerin seit ihrer Geburt in Bologna, siedelte sie später mit Mann und Kindern nach Rom über, was wohl auf eine Einladung des vielseitigen Papstes Gregor XIII. (1502–1585, Pontifikat 1572–1585) zurückging. Ihn stellte sie in einem beeindruckenden Altersbild dar, das sich heute in Privatbesitz befindet. Erwähnenswert ist auch, dass sich Fontana mit Aktdarstellungen auseinandersetzte, wovon das Gemälde »Minerva kleidet sich an«, heute in der Galleria Borghese in Rom ausgestellt, zeugt.

Interessant ist, dass sich Lavinia Fontana selbst am Spinett beim Musizieren malt. So ganz bei der Sache ist sie aber nicht, denn obwohl sie die Finger auf die Tasten des Instrumentes legt, schaut sie aus dem Bild heraus und den Betrachter an. Hinter ihr sitzt eine zweite Frau, die Noten auf dem Schoß hält. Es sei dahingestellt, ob es sich tatsächlich um eine Dienerin handelt. Wie auch immer: Das Gemälde zeigt eine musizierende Malerin. Im Bild gibt es auch einen Verweis auf die berufliche Tätigkeit der Dargestellten, denn im Hintergrund ist nahe beim Fenster eine Staffelei zu sehen, die allerdings kein Bild trägt. Bleibt zu rätseln, warum sich die Künstlerin nicht malend porträtierte? Erschien ihr das Malen zu handwerklich, oder wollte sie dokumentieren, auch andere Fähigkeiten zu besitzen?

SOFONISBA ANGUISSOLA

Sofonisba Anguissola ist eine Ausnahmeerscheinung der Kunstgeschichte: Seine Malerin, die aus adligem Hause stammte, deren Eltern sie, wie auch ihre Geschwister, für damalige Zeiten freiheitlich erzogen und die Neigungen und Fähigkeiten ihrer Kinder unterstützten und förderten. Die Eltern waren humanistisch gebildete Kaufleute, keine Künstler, bei denen die Töchter in die Lehre hätten gehen können. Der Vater, Amilcare Anguissola, war gleichsam auch der »Manager« seiner Tochter Sofonisba und festigte ihren Ruf als Porträtistin. Dieser Ruf führte sie schließlich 1559 nach Spanien an den Hof König Philipps II.

Aber zuvor schon, vermutlich 1556, malte sich die junge Sofonisba Anguissola selbst. Selbstporträts von Renaissancemalern zeigen diese in aller Regel nicht bei der Arbeit. Vielmehr versuchen die Künstler, sich als Mitglieder einer mehr oder weniger noblen Gesellschaft ins Bild zu setzen – man denke nur an die Autoporträts Dürers. Anguissola jedoch zeigt sich bei der Arbeit, zwar nicht im farbverschmierten Kittel, doch immerhin an der Staffelei mit Pinsel und Malstock. Zuvor hat das auch schon die flämische Malerin Catharina van Hemessen getan (siehe Seite 24), bereits 1548 im Alter von zwanzig Jahren.

Anguissola aber ist auf eine andere Art radikal als die Niederländerin, denn sie zeigt sich beim Malen einer Madonna. (Was van Hemessen auf die Tafel malt, lässt sich nicht sagen, da nur ein Kopf angedeutet ist.) Damit bekommt das Bild, das auf den ersten Blick so weltlich und diesseitig anmutet, eine weitere Ebene: eine religiöse.

Der legendären Überlieferung zufolge war der Evangelist Lukas Maler, und er war es auch, der ein Porträt der Gottesmutter Maria und ihres Sohnes anfertigte. Daher benannten sich dies- und jenseits der Alpen auch die Gilden, Zünfte oder Akademien, in denen sich Maler zusammenschlossen, nach ihm: *Lukasgilde*, *Accademia di San Luca* und so fort. Dem heiligen Vorbild und Patron ihres Berufs möchte auch die junge Sofonisba Anguissola nacheifern. Als Lukas hatten sich auch in der Vergangenheit Maler selbst dargestellt, eine Malerin jedoch noch nie.

Sofonisba Anguissola, 1531/32 – 1625
Selbstbildnis, um 1556, Lancut, Muzeum Zamek

DAS SCHACHSPIEL

Sofonisba Anguissola und ihre fünf Schwestern – einen Bruder gab es auch – wurden von den Eltern, gemessen am Üblichen des 16. Jahrhunderts, sehr unkonventionell erzogen. Insgesamt scheint die Familie auch einen Hang zu humanistischer Bildung gehabt zu haben, was besonders die Namen der Kinder zeigen: Sofonisba (Sophonisbe), nach einer karthagischen Prinzessin; Europa, nach der Geliebten des Zeus; Elena (Helena), nach der schönsten Frau der Antike; Minerva, nach der antiken Göttin der Wissenschaft; Asdrubale (Hasdrubal), nach einem karthagischen Feldherrn – die beiden anderen Töchter hießen Lucia und Anna Maria.

Alle Schwestern waren Malerinnen, Elena eine malende Nonne. Dabei gebührt Sofonisba der Ruhm, die erfolgreichste und talentierteste der Anguissola-Schwestern gewesen zu sein (siehe auch die Seiten 28, 56).

Dass Mädchen Schach spielten, war in der Renaissance ungewöhnlich, unterstellten viele Männer den Frauen doch noch immer, dass sie nicht logisch und planend denken könnten. So scheint ein strategisches Spiel, bei dem weit im Voraus geplant werden muss, kein Frauenspiel zu sein, dennoch spielen zwei der Schwestern Schach. Da der Altersunterschied der Geschwister nicht sehr groß war, lässt sich kaum entscheiden, welche der Schwestern hier spielen und welche zuschauen. Offenbar legte Vater Amilcare Anguissola, der selbst auch nach einem karthagischen Feldherrn (Hamilkar) benannt war, Wert auf die geistige Entwicklung der Töchter.

»Brotberufe« waren Frauen in der Renaissance, wenn sie der Oberschicht entstammten, verwehrt. Als Anwältinnen, Richterinnen, Lehrerinnen oder Medizinerinnen konnten sie nicht arbeiten, da ihnen der Zutritt zu den Universitäten verwehrt wurde, doch das Musizieren, Dichten und Malen standen ihnen offen, weil dies Tätigkeiten waren, die viele Ehefrauen der Kaufleute und Adligen als Freizeitbeschäftigung ausübten. Was die einen als Dilettantinnen taten, perfektionierten andere bis zur »Berufstätigkeit«; besonders, wenn die Väter Maler waren und ihre Töchter selbst ausbildeten.

Sofonisba Anguissola zeigt ihre Schwestern im »Schachbild« meisterhaft unbefangen und lebensnah, damit schafft sie wohl eines der ersten Genrebilder in der italienischen Malerei, eine Szene aus dem Alltagsleben.

Sofonisba Anguissola, 1531 / 32 – 1625
Das Schachspiel, 1555, Posen, Muzeum Narodowe

KAPITEL 2

Herrscherinnen und Mäzeninnen

Gebären und schweigen?

Herrscherinnen sind auch in der Renaissance selten, denn Frauen waren grundsätzlich von der Thronfolge ausgeschlossen. Dass Elizabeth I. (1533–1603) von England (siehe Massys d. J., Seite 68) dennoch Königin werden konnte, verdankte sie einer langen und verwickelten Geschichte. Bezeichnend ist aber: Sie folgte ihrem Vater Heinrich VIII. (1491–1547) nicht unmittelbar auf den Thron. Ob ihre Ehelosigkeit etwas mit der außerordentlichen Rolle zu tun hat, in der sie sich befand, sei dahingestellt.

Die meisten Frauen dieses Kapitels wurden nicht gefragt, ob sie diesen oder jenen Fürsten ehelichen wollten; so waren liebevolle Verbindungen auch die Ausnahme. Gegenseitiger Respekt mag vorgekommen sein, und sicher auch Vertrauen unter den Eheleuten. Die Praxis der Zwangsverheiratung, von der auch die jungen Männer betroffen waren, verstieß eindeutig gegen die Regeln der katholischen Kirche, für die Freiwilligkeit eine wichtige Voraussetzung beim Ehesakrament ist. Trotz ihres Einflusses gelang es ihr aber nicht, solche Gewohnheiten, die sich ebenso im Stadtpatriziat fanden, abzuschaffen. Die Folgen der Ehe waren für Mann und Frau recht unterschiedlich: Konnte er sich durch Mätressen anderweitig orientieren, was, wegen der oben genannten Gründe sogar kirchlich sanktioniert wurde (nach der Glaubensspaltung auch von evangelischer Seite), waren für die Frauen Liebhaber absolut tabu. Das hängt vor allem mit der Gefahr von Schwangerschaften zusammen, hätte doch ein Fremder den Thronfolger zeugen können. Das Gebären von Kindern, von männlichem Nachwuchs, war so auch die wichtigste Aufgabe der jungen Fürstinnen, eine Aufgabe, die mit erheblichen Risiken verbunden war, was sich an der hohen Zahl der Frauen zeigt, die während oder kurz nach der Geburt verstarben. Dass die meisten Fürsten daher mehrfach verheiratet waren, wundert nicht. Überhaupt beeindruckt die Zahl der Ehefrauen und auch der Ehemänner, musste doch bei der Eheschließung eine ähnliche Herkunft gegeben sein. Mädchen waren insofern auch ein Kapital der Herrschenden, weil sie politisch geschickt verheiratet werden konnten, auch wenn mit der Verehelichung eine Mitgift verbunden war. Vielleicht sind dies auch Gründe, warum Elizabeth I. nicht heiratete.

Aber es könnte auch sein, dass ihr, neben allem politischen Kalkül, keiner der Männer, die infrage gekommen wären, gefallen hat. Das läge dann in der Familie, hatte doch schon ihr Vater, als er seine neue Braut Anna von Cleve zum ersten Mal sah, diese als eine »fette flandrische Stute« bezeichnet – und verstoßen.

Einige der hier erwähnten Frauen hatten aber tatsächlich erhebliche Machtbefugnisse. So versah etwa Isabella von Portugal (1503–1539) (siehe Seite 42), die einzige Ehefrau Kaiser Karls V. (1500–1558), die Regierungsgeschäfte, wenn ihr Mann auf Reisen war. Dasselbe tat Eleonora von Toledo (1522–1562) (siehe Seite 44), wenn ihr Gatte Herzog Cosimo I. de' Medici (1519–1574) nicht in Florenz weilte. Die Infantin Isabella Clara Eugenia (1566–1633) (siehe Seite 56), Tochter Philipps II. (1527–1598) von Spanien, regierte sogar die Niederlande, die wirtschaftlich eine der wichtigsten Regionen Europas war und enorme Steuereinnahmen garantierte.

Margarete von Angoulême (Margarete von Navarra) (1492–1549) (siehe Seite 38), Schwester des französischen Königs Franz I. (1494–1547), gehörte einer Delegation an, die ihren Bruder aus der spanischen Gefangenschaft heimführen sollte.

Die angeführten Beispiele mögen Ausnahmen sein, sie zeigen jedoch, dass es durchaus Frauen gab, denen große Verantwortungen übertragen wurden, was bedeutet, dass man sie in ihrem Umkreis für befähigt hielt, die Aufgaben kompetent zu erfüllen.

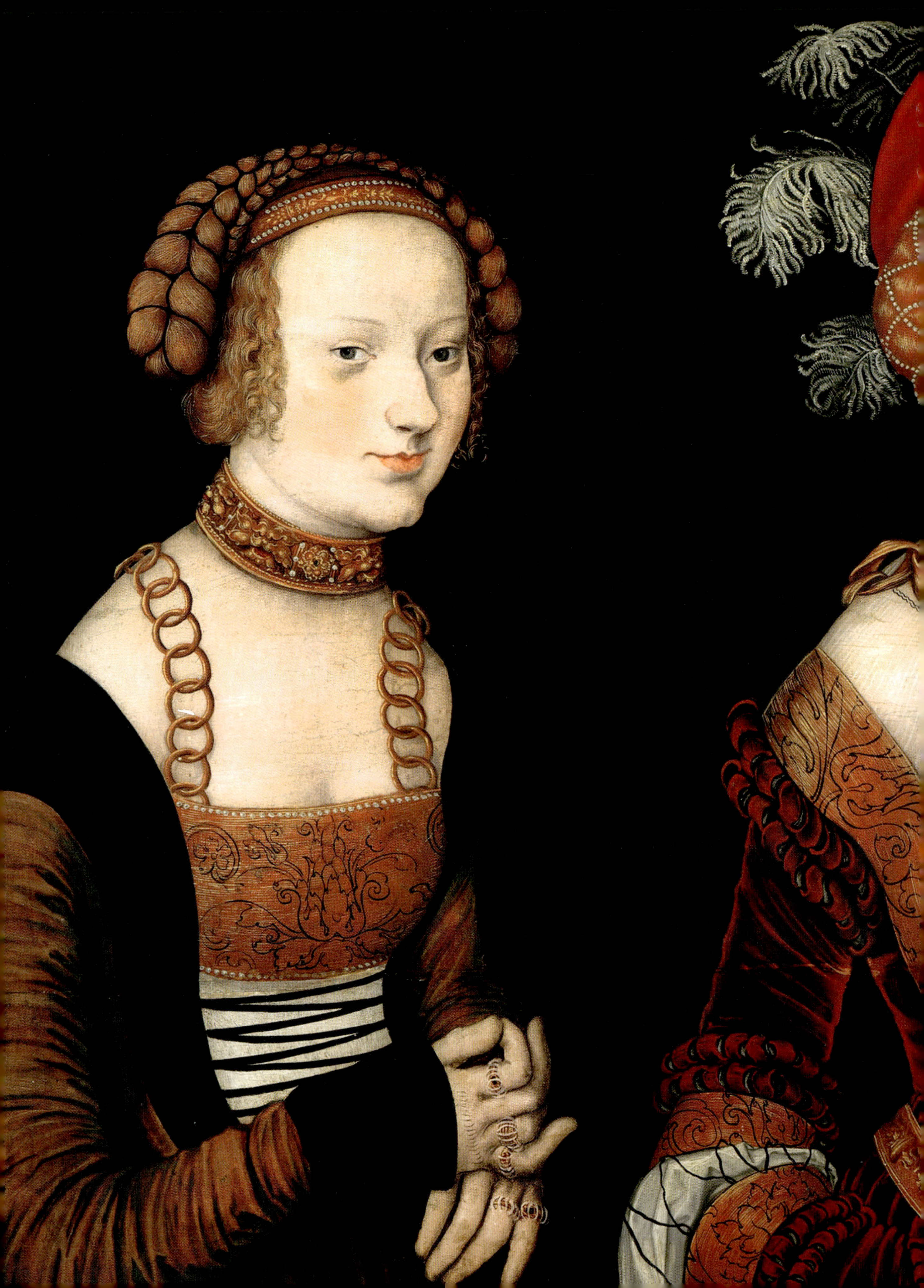

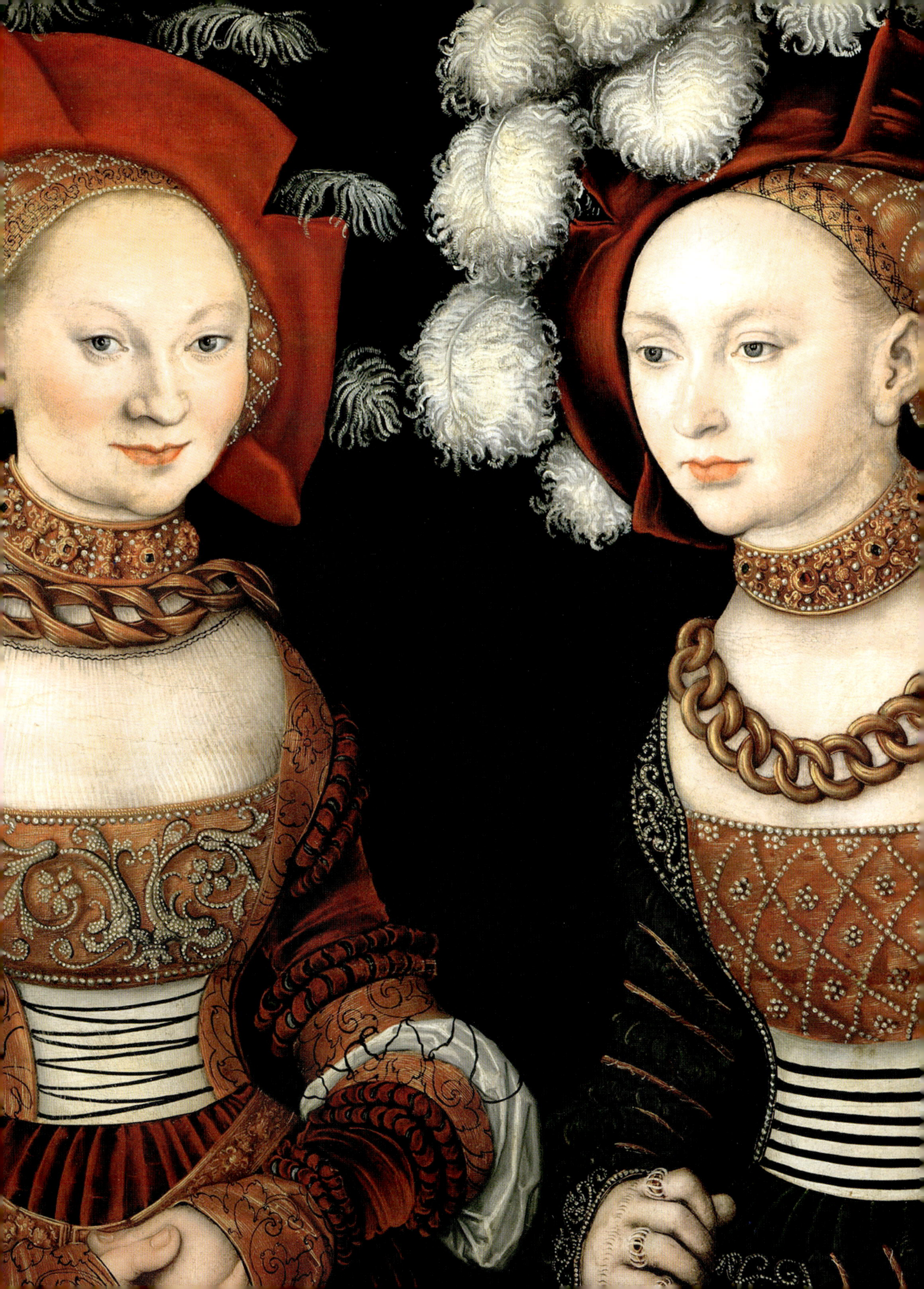

BILDNIS EINER FRAU
AUS DEM HAUSE FUGGER

Paris Bordone, nahe bei Venedig geboren, war für rund zwei Jahre Lehrling bei Tizian in Venedig, wo er später als Künstler tätig war. Ende der 1530er Jahre hielt er sich vielleicht am Hofe Franz' I. (1494–1547) in Fontainebleau auf (siehe Seite 112) und reiste womöglich über Augsburg nach Italien. Bei dieser Gelegenheit könnte das Porträt der jungen Frau aus dem Hause Fugger entstanden sein. Wahrscheinlicher aber ist ein Aufenthalt in Augsburg in der Mitte der 1550er Jahre, bei dem mythologische Bilder für die Fugger entstanden. Allerdings sind beide Reisen nach Augsburg nicht sicher zu belegen.

Die Augsburger Kaufleute und Bankiers Fugger waren im späten 15. und in der ersten Hälfte des 16. Jahrhunderts die einflussreichsten und reichsten Unternehmer Europas. Nach dem Tode Jakob Fuggers (1459–1525), der kinderlos starb, übernahmen seine Neffen Raymund (1489–1535) und Anton (1493–1560) die Geschäfte. Raymund Fugger besaß eine hochbedeutende Kunstsammlung, die aber nach seinem Tode in alle Winde zerstreut wurde. Anton Fugger führte die Firma alleine fort, verdoppelte das Vermögen und betrieb Handel bis nach Mexiko.

War Paris Bordone während der 1550er Jahre wirklich in Augsburg, könnte es sich bei der jungen Frau um eine Tochter des Anton Fugger handeln, denn mehrere seiner Töchter waren in den 1550er Jahren um die zwanzig Jahre alt. Vielleicht ist das Bild im Kontext einer Eheschließung gemalt worden – als Bild für den Bräutigam oder als Erinnerungsbild für die Familie. Die fuggerschen Töchter und Söhne wurden alle mit Adligen verbunden, um die gesellschaftliche Stellung des Hauses zu festigen und weiterzugeben.

Unsicher und nicht sehr glücklich wirkt die junge Frau in ihrem prachtvoll-kostbaren roten Kleid, dessen Stofflichkeit der Maler vorzüglich wiedergibt. Als Hoheitsformeln fungieren die beiden mächtigen Säulen im Hintergrund: Sie zeigen deutlich das Selbstbewusstsein und den Anspruch der Fugger. Rechts oben ist außerdem eine Skulptur angeschnitten, die ein Füllhorn, Zeichen des Überflusses, trägt. Ein Verweis auf das wirtschaftliche Wohlergehen der Fugger und den Wohlstand Augsburgs.

Paris Bordone, 1500–1570
Bildnis einer Frau aus dem Hause Fugger, um 1540 o. Mitte 1550er Jahre, Schweiz, Privatsammlung

MARGARETE VON ANGOULÊME

Margarete von Angoulême (Margarete von Navarra) (1492–1549) war die ältere Schwester des französischen Königs Franz I. (1494–1547). In zweiter Ehe wurde sie mit Henri d'Albret (1503–1555) verheiratet, der König jenes Gebietes von Navarra war, das nördlich der Pyrenäen lag. Der südliche Teil war 1512 von Kastilien-León annektiert worden. Margarete von Navarra war die Großmutter des französischen Königs Heinrich IV. (1553–1610), der sich, wie alle französischen Könige bis 1791, König von Frankreich und Navarra nannte. Die Souveränität des Königreiches war indes schon 1589 untergegangen.

Das Königreich Navarra bot Margarete von Navarra eine Rückzugsmöglichkeit, um ihren vielseitigen Interessen nachzugehen. So liebäugelte sie mit den reformatorischen Ideen, wie sie in Deutschland und der Schweiz entstanden waren. Sie unterstützte wohl auch Protestanten, aber sie griff auch anders aktiv in die Politik ein: Nachdem Franz I. während der Schlacht von Pavia im Jahre 1525 durch die Truppen Karls V. (1500–1558) gefangen genommen worden war, gehörte Margarete zur Delegation, die nach Spanien reiste, um mit Kaiser Karl über die Freilassung des Bruders zu verhandeln.

Der Maler Jean Clouet (1485–1541) schuf viele Porträts des französischen Hochadels. Beim Bildnis der Margarete von Navarra zeigt er sie vor einem königlich roten, gemusterten Tuch, worauf sie einen deutlichen Schatten wirft. Damit erzeugt Clouet malerisch eine hohe Räumlichkeit. Auf ihrer rechten Hand sitzt ein grüner Papagei, was im 16. Jahrhundert großen Luxus bedeutete, doch könnte der Vogel hier – wegen seines Sprachtalents – auch auf eine Leidenschaft der Königin hinweisen: Margarete sprach etliche Sprachen, was aber noch beachtenswerter ist, sie dichtete. Waren zu ihren Lebzeiten schon Gedichte erschienen, so wurde ihr Hauptwerk, das »Heptameron«, erst nach ihrem Tode, 1558 beziehungsweise 1559 gedruckt. Das »Heptameron« (Siebentagewerk) ist eine Sammlung – 72 Geschichten über die Liebe –, die unvollendet blieb und ursprünglich 100 Geschichten umfassen sollte; ein offensichtlicher Bezug auf Giovanni Boccaccios (1313–1375) »Dekameron« (Zehntagewerk), das in den Jahren zwischen 1349 und 1353 entstand.

Jean Clouet, 1485–1541
Bildnis der Margarete von Angoulême, um 1530, Liverpool, National Museums, Walker Art Gallery

JANE SEYMOUR

Der englische König Heinrich VIII. (1491–1547) hatte ein besonderes Verhältnis zu seinen Ehefrauen. Er heiratete sechs Mal, ließ zwei seiner Frauen hinrichten (Anne Boleyn, Catherine Howard), zwei starben eines natürlichen Todes (Katharina von Aragón, Jane Seymour), eine verstieß er (Anna von Cleve), weil er in ihr eine »fette flandrische Stute« sah, und die letzte (Catherine Parr) überlebte ihn.

Die vornehmste Bestimmung der Gemahlin eines Fürsten war es, die Dynastie durch die Geburt eines Thronerben zu sichern. Das Haus Tudor, zu dem Heinrich gehörte, regierte England erst seit 1485, und Heinrich war erst der zweite Tudor-König. So ist sein »verschwenderischer« Umgang mit seinen Ehefrauen einigermaßen erklärbar: Unbedingt wollte er die Dynastie fortführen. Aber außer Jane Seymour (1509 (?) –1537) gebar ihm keine seiner Frauen einen Sohn, der überlebte. Da Heinrich selbst als Zweitgeborener den Thron bestiegen hatte, wusste er nur zu gut um die Gefahr, nur einen Sohn zu haben, was seine Besessenheit ebenfalls verdeutlicht.

Heinrich VIII. war ein gebildeter Monarch, der fließend Lateinisch und Französisch sprach und sich mit Musik, Kunst und Literatur befasste. Für seinen Kunstverstand spricht zudem, dass er den Maler Hans Holbein d. J. schätzte und ihm etliche Aufträge erteilte.

Nach einem Aufenthalt von 1526 bis 1528 ließ sich der Basler Maler Hans Holbein seit 1532 dauerhaft in England nieder und betätigte sich als brillanter Porträtist. 1536 schuf er das Porträt der Jane Seymour, etwa ein Jahr vor ihrem Tode, der sie, nur zwölf Tage nach der Geburt des ersehnten Thronfolgers Edward, ereilte. In prachtvolle englische Renaissanceroben gekleidet, schaut die dritte Frau Heinrichs aus dem Bild. Holbein schuf kein psychologisierendes Bildnis der Jane Seymour, sondern ein auf repräsentative Wirkung angelegtes Staatsporträt.

Heinrich ließ sich 1547 neben Jane Seymour bestatten, doch die Dynastie der Tudors endete, trotz aller Bemühungen Heinrichs, schon mit dem Tode seiner Tochter Elizabeth I. im Jahre 1603.

Hans Holbein d. J., 1497–1543
Jane Seymour, 1536, Wien, Kunsthistorisches Museum

Tizian, 1489/90–1576
Isabella von Portugal, um 1547, Madrid, Prado

ISABELLA VON PORTUGAL

Isabella von Portugal (1503–1539) war die einzige Ehefrau Kaiser Karls V. (1500–1558). Beide führten, was bei den arrangierten Heiraten der Zeit außergewöhnlich erscheint, eine harmonische Ehe. Dies hinderte Karl aber nicht daran, dann und wann Ehebruch zu begehen. Zeugnis der Liebe zu seiner Frau mag Tizians Porträt der Isabella von Portugal sein, das mehr als zehn Jahre nach ihrem Tode entstand.

Kaiser Karl V. und Tizian waren sich während des Augsburger Reichtages im Winter 1547/48 begegnet, da der Kaiser den Maler nach Augsburg gebeten hatte. Seitdem überhäufte Karl Tizian mit Aufträgen. In diese Zeit ist wohl auch das posthume Porträt der Isabella zu datieren, das der Monarch sich als Erinnerungsbild an die geliebte Frau und Mutter dreier überlebender Kinder malen ließ. Karl soll das Bildnis und weitere Werke Tizians nach der Abdankung mit sich geführt haben, als er seine letzte Wohnstätte im Kloster San Jerónimo de Yuste bezog.

Tizian stellt, trotz der privaten Erinnerungsfunktion des Bildes, Isabella höchst repräsentativ und unnahbar dar. Es ist keine emotionalisierende Darstellung aus der Sicht des trauernden Gatten. Die jung dargestellte, sitzende Fürstin wird von einem mächtigen Ehrentuch, das von seiner Stofflichkeit ihrem Kleid nicht unähnlich ist, hinterfangen. Rechts ist ein Ausblick in die Landschaft gegeben, die bergig ist und einen wolkenschweren Himmel zeigt. In der Hand hält Isabella ein kleines, aufgeschlagenes Büchlein, ist aber nicht lesend dargestellt. Fast scheint es, als habe der Betrachter sie beim Lesen gestört, und sie schaut nun auf oder sie hat Bedenkenswertes gelesen und sinniert über das Gelesene.

Isabella von Portugal muss eine kluge und gebildete Frau gewesen sein, die für Kaiser Karl V., wenn dieser im riesigen Reich unterwegs war, die Staatsgeschäfte führte. Dies ist nicht nur Zeichen großen Vertrauens, sondern auch Beweis dafür, dass sie befähigt und in der Lage war, Entscheidungen eigenständig zu treffen.

ELEONORA VON TOLEDO

Im 16. Jahrhundert waren die Medici Herrscher in und über Florenz. So kommt der Gattin des Herzogs eine besondere, herausragende Stellung zu. Eleonora von Toledo (1522–1562), Tochter des Vizekönigs von Neapel, mit einer sehr hohen Mitgift ausgestattet, heiratete 1539 den Herzog Cosimo I. de' Medici (1519–1574).

Schon zur Hochzeit des Herzogspaars hatte Agnolo Bronzino die Festdekorationen entworfen, ab den 1540er Jahren begann dann seine Karriere als Hofmaler Cosimos. Etliche Porträts des Hofes und der Florentiner Oberschicht entstanden in den Folgejahren. So gewann Bronzino auch einen gewissen Einfluss auf die künstlerische Entwicklung der Stadt und war 1563 Gründungsmitglied der *Accademia del Disegno*, der ersten Kunstakademie der Welt.

Eleonora übte in Florenz großen Einfluss aus, da sie, war ihr Mann abwesend, die Regierungsgeschäfte für ihn führte. Der katholischen Reformbewegung stand sie offen gegenüber und siedelte den noch jungen Jesuitenorden in Florenz an.

Bronzino zeigt Eleonora zusammen mit einem Söhnchen. Ist die übliche Datierung des Bildes auf 1544 korrekt, stellt sich die Frage, ob es wirklich Giovanni de' Medici ist, der bei ihr steht. Giovanni (1543–1562), später Kardinal und Bischof von Pisa, wäre zur Entstehung des Bildes höchstens zwei Jahre alt. Auch ein weiteres Bild, das ihn zeigt, wird in den Uffizien zu Florenz aufbewahrt. Dieses soll ein Jahr später entstanden sein und zeigt ein ziemlich properes Knäblein, das wesentlich kleinkindhafter ist als der Junge auf Bronzinos Bild. Hält man an der Datierung fest, dürfte es sich eher um Francesco de' Medici (1541–1587) handeln, den Erstgeborenen und späteren Thronerben.

Die Oberschicht der Renaissance verwandte nicht gar zu viel Zeit auf die Kinderhege und -pflege, denn diese wurde delegiert. Dennoch entstanden ein paar sehr schöne Bilder, die Mütter und Kinder vereint zeigen.

Bronzino hellt den Hintergrund um den Kopf der Herzogin auf, wodurch dies eine Anspielung auf einen Heiligenschein sein könnte. Wie auch immer: Während Eleonora als unnahbare Fürstin dargestellt wird, zeigt das Kind eine lebendige Zugewandtheit zum Betrachter.

Agnolo Bronzino, 1503–1572
Eleonora von Toledo mit ihrem Sohn Giovanni de' Medici, 1544, Florenz, Uffizien

Meister der Habsburger, identisch mit Niclas Reiser?, nachweisbar 1498–1512
Maria von Burgund, undatiert, Innsbruck, Sammlungen Schloss Ambras

MARIA VON BURGUND

Kurz war der Traum eines eigenständigen, mächtigen Burgunderreiches. Der letzte der burgundischen Herzöge, Herzog Karl der Kühne (1433–1477), war mit seinen Bemühungen, König von Burgund zu werden und die zerstreuten burgundischen Besitzungen zu vereinigen, gescheitert. In der Schlacht von Nancy fiel er am 5. Januar 1477.

Karl hatte nur eine einzige Tochter, Maria von Burgund (1457–1482). Sie war die Erbin des immens reichen Burgund und damit zu jener Zeit sicher die beste heiratsfähige Partie Europas. Als einziges Kind wurde Maria sehr sorgfältig erzogen und lernte Dinge, die in ihrer Zeit Frauen meist vorenthalten wurden, wie zum Beispiel Latein. Zur Regentin wurde sie jedoch nicht ausgebildet, weil Karl noch auf einen männlichen Erben hoffte und wartete.

Schon 1476 hatte Karl mit Kaiser Friedrich III. (1415–1493) vereinbart, ihre Kinder miteinander zu verheiraten, doch war es beim Tode Karls noch nicht zum Eheschluss gekommen. Am 19. August 1477 heiratete Maria von Burgund dann Erzherzog Maximilian von Österreich (1459–1519), der 1508 zum Kaiser des Heiligen Römischen Reiches Deutscher Nation gekrönt wurde. Das aber erlebte Maria nicht mehr, denn bereits 1482 stürzte sie, obwohl eine gute Reiterin, bei einer Falkenjagd vom Pferd, erlitt eine Fehlgeburt und starb. Damit fiel das Burgunderreich an das Haus Habsburg, was lange und schwierige Kriege mit Frankreich nach sich zog.

Maria von Burgund wird hier vor einem roten Tuch gezeigt, das sie folienhaft hinterfängt, sie heraushebt und ihren Rang deutlich macht. Sie trägt zu ihrem grünen Gewand einen Hennin, die Burgunder Haube, die aus einem Drahtgestell bestand und mit Tuch verkleidet wurde. Der gewölbte Leib der Erbin ist mehr ein Verweis auf ihre Rolle als Frau und Fruchtbarkeit als auf eine wirkliche Schwangerschaft, obgleich Maria drei Kindern das Leben schenkte. Zwei überlebten, und beide heirateten spanische Fürsten. Ihr Enkel ist Kaiser Karl V. (1500–1558), der als Kaiser des Heiligen Römischen Reiches gleichzeitig König von Spanien war.

Lucas Cranach d.Ä., 1472–1553
Die Prinzessinnen Sibylla, Emilia und Sidonia von Sachsen, um 1535, Wien, Kunsthistorisches Museum

SIBYLLA, EMILIA UND SIDONIA VON SACHSEN

Die drei Prinzessinnen Sidonia (1518–1575), Emilia (1516–1591) und Sibylla (1515–1592) waren Töchter Heinrichs des Frommen, Herzog von Sachsen (1473–1541), und seiner Gemahlin Katharina von Mecklenburg (1487–1561). Die Schwestern wurden nach Braunschweig-Lüneburg, Ansbach und Sachsen-Lauenburg verheiratet – sicher politisch motivierte Ehen innerhalb der zersplitterten, kleineren Fürstentümer.

Vor dem schwarzen Hintergrund wirken die Schwestern mit ihren orangefarbenen und roten Gewändern und den abenteuerlichen Hüten mit exotischen Straußenfedern ein wenig wie Puppen. »Das Bildnis präsentiert den gedeuteten Menschen«, schreibt der Kunsthistoriker und Kunsttheoretiker Gottfried Böhm, und wenn dies zutrifft, dann ist Cranachs Gemälde kein Bildnis, sondern nur die Darstellung dreier Frauen, denn die Deutung kann hier nicht psychologisierend-interpretierend sein: Die Schwestern sind zu gleich dargestellt, die Physiognomien zu genormt. Alle drei entsprechen – positiv ausgedrückt – dem Idealtyp von Frau, den Cranach immer wieder entwarf. Der Typus entspringt weniger der Absicht, der Natur das Gesetzmäßige abzuringen, um daraus ein Ideal zu formen, vielmehr scheinen sich die Köpfe an Prototypen zu orientieren, die als Vorlagen eingesetzt wurden, um so die Arbeit in der Werkstatt zu rationalisieren.

Deshalb sind es aber keine minderwertigen Arbeiten – das Gegenteil ist der Fall! Es sind andere Beurteilungskriterien anzusetzen als etwa bei Porträts von Dürer (1471–1528) oder Holbein d. J. (um 1497–1543), weil es Cranach nicht um das Individuelle, Außergewöhnliche der Darzustellenden geht. So wird aus jeder der Prinzessinnen etwas wie die »Idee« einer Prinzessin, einer Frau, die standesgemäß auftritt, standesgemäß heiratet und pflichtbewusst Kinder gebiert, eben der Prototyp einer Prinzessin.

Das Leben der Sidonia (Sidonie) von Sachsen, die nach Braunschweig-Lüneburg verheiratet worden war, geriet allerdings deutlich aus den Fugen: Ihr Mann, Herzog Erich II. (1528–1584), wähnte sich Vergiftungsversuchen ausgesetzt. Daraufhin ließ er mehreren Frauen den Hexenprozess machen und sie verbrennen. Auch seine Frau verdächtigte er, und auch sie klagte er der Hexerei an, doch konnte sich Sidonia selbstbewusst wehren und erreichte einen Prozess, der sie am Ende freisprach.

SIBYLLE VON CLEVE

Lucas Cranach d. Ä. und Albrecht Dürer (1471–1528) sind die überragenden Maler der deutschen Renaissance, die sich 1524 in Nürnberg sogar begegneten. Cranach, der im Gegensatz zu Dürer nie in Italien war, wurde früh Hofmaler am kursächsischen Hof, was er, unter wechselnden Fürsten, sein Leben lang blieb. Aber er malte nicht nur für den kursächsischen Hof, auch für katholische Bischöfe und andere sächsische Fürstenhäuser hat er gearbeitet. Da seine Werkstatt in Wittenberg und später in Weimar mit vielen Mitarbeitern gut durchorganisiert war, ist die Zahl der Werke – von eigener Hand oder von den Mitarbeitern geschaffen – immens.

Sibylle von Jülich-Cleve-Berg (1512–1554) war die Tochter des Herzogs Johann III. (1490–1539) und seiner Frau Maria von Jülich-Berg (1491–1543); ihre jüngere Schwester Anna (1515–1557) wurde 1540 mit Heinrich VIII. (1491–1547), König von England, vermählt. Sibylle selbst heiratete 1527 in Torgau Johann Friedrich I., den Großmütigen, von Sachsen (1503–1554).

Sibylles Porträt, während der Verlobungszeit gemalt, stellt die Prinzessin als Braut dar, die als Jungfrau das lange Haar mit dem Brautkranz noch offen tragen darf. Die Fürstin und ihr etwas burschikos regierender Ehemann setzten sich intensiv für die Ziele der Reformation ein. Johann Friedrich wurde zum Führer des Schmalkaldischen Bundes von evangelischen Fürsten, die sich gegen den katholischen Kaiser Karl V. (1500–1558) verschworen hatten. In der Schlacht bei Mühlberg 1547 besiegte das kaiserliche Heer den Bund, als Anführer wurde Johann Friedrich zum Tode verurteilt. Das Urteil wurde später in eine lebenslange Haftstrafe umgewandelt, die aber nur bis 1552 dauerte. Während dieser Gefangenschaft gab es einen regen Briefwechsel zwischen Sibylle und Johann Friedrich, der zeigt, dass sich die beiden tatsächlich liebten.

Nach der Gefangenschaft lebten sie noch zwei Jahre in Weimar, wo beide im Verlauf des Jahres 1554 verstarben und in der Stadtkirche beigesetzt wurden.

Lucas Cranach d. Ä., 1472–1553
Sibylle von Cleve, 1526, Weimar, Schlossmuseum

MONA LISA

Tief ist die »Mona Lisa« im kollektiven Bildgedächtnis verankert: Jeder kennt sie – doch niemand weiß, wer sie wirklich ist! Handelt es sich tatsächlich um die Ehefrau eines unbedeutenden Seidenhändlers aus Florenz, eines Francesco del Giocondo (1460–1539), der mit einer Lisa Gherardini (1479– nach 1551?) verheiratet war? Dann wäre das Bild wohl ab 1503 entstanden, als ein eigener Haushalt gegründet und ein Sohn geboren worden war. Isabella d'Este (1474–1539), die Fürstin aus Ferrara, ist es hingegen nicht, wie man zunächst vermutete. Sie bemühte sich darum, von Leonardo gemalt zu werden, aber, wie wir aus dem erhaltenen Briefwechsel wissen, wohl vergebens. Vielleicht wird sich die Frage nach der Dargestellten niemals beantworten lassen...

Für ein Frauenporträt des frühen 16. Jahrhunderts ist Leonardos Bild recht groß: 77 x 53 cm, schon das fällt auf. Mona Lisa sitzt auf einem Lehnstuhl vor einer Brüstung, hinter der sich eine fantastische Landschaft erstreckt. Die Anlage des Bildes zeigt, dass sich Leonardo mit flämischen Porträts des 15. Jahrhunderts auseinandergesetzt hat: Die große Nahsichtigkeit der Dargestellten und auch die Landschaft zeugen davon. Der Künstler taucht das Bild in ein höchst subtiles Licht und überzieht das Gemälde mit einem grandiosen *sfumato*, das heißt: Harte Umrisse verschwinden, und alles wirkt, wie durch einen zarten Schleier gesehen, ähnlich dem, den Mona Lisa über ihr Haupt gelegt hat. So verbinden sich Vorder-, Mittel- und Hintergrund auf noch nie da gewesene Weise.

»La Gioconda« (Die Heitere) lächelt, wie es viele italienische Renaissancemadonnen tun, und Maria ist die Prototypin der ehrbaren Frau. Auch Lisa ist eine tugendhafte Frau: Die übereinander gelegten Hände und ihre Schönheit sprechen dafür, denn Tugend und Schönheit weisen aufeinander hin (siehe Seite 58).

Leonardo bewahrte die »Mona Lisa« bis zu seinem Tode auf, nie hat sie der Auftraggeber erhalten. Vielleicht liegt es daran, dass die »Mona Lisa« weniger das Porträt als das Idealbild einer Frau ist; ein Idealbild, dem sich der Maler im Wettstreit zwischen Naturnachahmung und Naturüberwindung genähert hat.

Leonardo da Vinci, 1452–1519
Mona Lisa, um 1503–06, Paris, Louvre

MADDALENA DONI

Das Bildnis der Maddalena Doni – welch ein Unterschied zu Leonardos »Mona Lisa«! Beide Frauen sitzen auf einem Stuhl und stützen sich auf die vordere Armlehne, beide sitzen vor einer Brüstung, hinter der eine Landschaft zu sehen ist – und doch liegen zwischen den künstlerischen Auffassungen der Maler Welten!

Raffael besuchte Leonardo während dessen erster Florentiner Zeit ab 1504 mehrfach im Atelier. So kannte Raffael Leonardos Bild, als er anfing, Maddalena Strozzi zu porträtieren, die 1503 den Kaufmann Agnolo Doni geheiratet hatte. Raffael führt Leonardos in die Zukunft weisendes Bild der »Mona Lisa« gleichsam wieder in die Gegenwart der italienischen Hochrenaissance zurück: Die Farben sind wieder hell, strahlend und brillant, kein Ansatz eines *sfumato*, eines (Dunst-)Schleiers, der alles überzöge. Ein strahlend blauer Himmel lacht über der Szene, und die Landschaft erscheint ordentlich und aufgeräumt im Vergleich zu Leonardos verwegener »Urlandschaft«.

Raffael rückt die Dargestellte ganz nach vorn, auch das übernimmt er von Leonardo, genauso wie die Handhaltung. Ganz sicher ist auch Maddalena Doni eine ehrbare und tugendhafte Frau, doch die Doni zeigt überdeutlich, wer sie ist: Ihre Finger schmücken Ringe, sie hat kostbares Geschmeide angelegt. Es handelt sich um ein repräsentatives Porträt, mit dem unmissverständlich der soziale Stand angezeigt und überliefert werden soll. Immerhin stammt Maddalena aus dem ehrwürdigen und reichen Florentiner Hause Strozzi, das vom 14. bis zum 16. Jahrhundert in ewiger Konkurrenz zum Hause Medici stand. Mehrfach wurden die Strozzi auf Initiative der Medici aus Florenz verbannt, die sich auf diese Weise unliebsamer Kritiker und Konkurrenten entledigten.

Natürlich ist auch Raffaels Porträt der Doni ein großes Meisterwerk. Brillant beherrscht es der Künstler, Natur und künstlich Geschaffenes (etwa die Stoffe des Gewandes) wiederzugeben. Aber Raffaels Bild bleibt bei aller Raffinesse, bei allem Aufnehmen von Leonardos Neuerungen letztlich in der älteren, überkommenen Porträttradition verhaftet.

Raffael, 1483–1520
Bildnis der Maddalena Doni, um 1505, Florenz, Palazzo Pitti, Galleria Palatina

Sofonisba Anguissola, 1531/32 – 1625
Isabella Clara Eugenia von Österreich, Infantin von Spanien und Portugal, 1599, Madrid, Prado

ISABELLA CLARA EUGENIA

Die Malerin Sofonisba Anguissola ging 1559 von Italien an den Hof des spanischen Königs Philipp II. (1527–1598), wo sie Hofdame der dritten Ehefrau des Königs, Elisabeth von Valois (1545–1568), wurde. Zwar verließ die geniale Porträtmalerin den Königshof nach dem Tode des Königs wieder, doch die dargestellte Infantin Isabella Clara Eugenia (1566–1633) hatte sie noch kennengelernt.

Rund dreiunddreißig Jahre später malte Sofonisba Anguissola die erwachsene Infantin, die vermutlich bei der Entstehung des Bildes noch nicht verheiratet war. Doch im selben Jahr ehelichte sie Erzherzog Albrecht VII. von Österreich (1559–1621), der für Philipp II. die Spanischen Niederlande als Gouverneur verwaltet hatte. Isabella und Albrecht erhielten die Niederlande als Geschenk des Königs, das, sollten sie keine Nachfahren haben, an die spanische Krone zurückfallen sollte. Die Ehe war zwar nicht kinderlos, doch alle Kinder starben früh.

Isabella Clara Eugenia war eine der mächtigsten Frauen an der Wende vom 16. zum 17. Jahrhundert, die schon ihren Vater in Staatsangelegenheiten beraten hatte. Nun regierte sie in unruhiger Zeit selbst – es schwelte der Konflikt mit den nördlichen, calvinistischen Niederlanden, und 1618 brach der Dreißigjährige Krieg aus –, zusammen mit ihrem Mann, als Statthalterin der Niederlande. Hier war sie Mäzenatin der Künste und ließ sich von Peter Paul Rubens (1577–1640), den sie sehr förderte, sogar diplomatisch vertreten.

Anguissolas hoheitsvolles, ganzfiguriges Bildnis zeigt Isabella in schwarzer Robe. Baldachinartig wird die Infantin von einem grünen Tuch gerahmt, das seitlich herunterfällt. Herrschaftlich stützt sie sich auf einen Lehnstuhl. Das Schwarz des Gewandes muss nicht unbedingt als Trauerkleidung gedeutet werden, war doch Schwarz auch die Farbe des spanischen Hofes. Im Zusammenhang mit dem Taschentuch und dem Entstehungsdatum liegt es nahe, im Bildnis dennoch ein Trauerbild zu sehen, denn 1598, sieben Monate vor ihrer Eheschließung, war ihr Vater, König Philipp II., gestorben. Vielleicht ist das Bildnis zwischen dem Tod des Vaters und ihrer Heirat entstanden.

Leonardo da Vinci, 1452–1519
Ginevra de'Benci, um 1478–80, Washington D.C., National Gallery of Art

GINEVRA DE' BENCI

Leonardos Bildnis der Ginevra de' Benci (1457– um 1520) ist das Porträt einer platonisch Verehrten und Geliebten. Bernardo Bembo (1433–1519), hoher venezianischer Amtsträger und Diplomat, gab das Bildnis seiner Angebeteten vermutlich zwischen Juli 1478 und Mai 1480 bei Leonardo in Auftrag, als er Gesandter Venedigs in Florenz war.

Gäbe es nicht konkrete Quellen zum Bildnis, wäre vermutlich die Autorschaft Leonardos umstritten, zeigt dessen Frühwerk doch noch große Verwandtschaft zum Œuvre seines Lehrers Andrea del Verrocchio (1435/36–1488). Das Benci-Porträt ist das älteste erhaltene Bild Leonardos mit einem weltlichen Thema, zuvor beherrschen sakrale Themen sein Schaffen.

Leonardo zeigt Ginevra nach rechts gewandt in Dreiviertelansicht; dabei schaut sie den Betrachter ohne große Emotionen an. Ihre weiße Haut entspricht nicht nur dem Schönheitsideal und den Lebensgewohnheiten der Zeit, sondern auch der zarten Gesundheit der jungen Frau. Die das Gesicht rahmenden Locken lassen an Darstellungen von Engeln in der italienischen Renaissance denken. Hinter Ginevra wächst ein mächtiger Wacholderbusch, der das hellhäutige Gesicht und die blonden Haare effektvoll hinterfängt. Wacholder heißt im Italienischen *ginepro* und ist eine Anspielung auf ihren Vornamen. Wacholder gilt außerdem als Symbol weiblicher Tugendhaftigkeit.

Die Rückseite des Bildes (das am unteren Rand stark beschnitten wurde, sodass nicht zu entscheiden ist, ob einst auch die Hände Ginevras abgebildet waren) zeigt Lorbeer, Palm- und Wacholderzweige und die Inschrift: *VIRTUTEM FORMA DECORAT*, was übersetzt heißt: »Die Schönheit schmückt die Tugend« und das Denken der *bona corporis* vertritt: Die körperliche Schönheit spiegelt die Tugendhaftigkeit des Betreffenden wider. Ginevra ist tugendhaft, deshalb hat sie ein schönes Äußeres.

Das Bild kam 1967 aus dem Besitz des liechtensteinischen Fürstenhauses in die Washingtoner Nationalgalerie. Seitdem ist kein originales Gemälde Leonardo da Vincis mehr auf dem Kunstmarkt verkauft worden.

LADY GUILDFORD

Die Malerei in England war in der Renaissance nicht besonders hoch entwickelt. So waren es Künstler vom Festland, die das Königshaus und die Oberschicht porträtierten. Von Hans Gerard Horenbout (1465–1541), Hans Holbein (um 1497–1543), Joos van Cleve, Quentin Massys d. J. (1543–1589) bis hin zu Anthonis van Dyck (1599–1641) und Angelika Kauffmann (1741–1807) reicht die lange Liste der nicht britischen Künstler, die das insulare Kunstleben über Jahrhunderte prägten. Diese Tradition hatte für England den Vorteil, dass stets ausgezeichnete Maler einreisten, die qualitätvolle Bilder schufen.

Mary Wotton, Lady Guildford (1499–1535), war etwa achtundzwanzig Jahre alt, als sie von Hans Holbein porträtiert wurde. Für den heutigen Betrachter wirkt sie jedoch älter; jugendliche Unbekümmertheit ist im Bild nicht zu finden. Streng, ja mürrisch, schaut die Dargestellte aus dem Bild, als wäre ihr die Prozedur des Porträtsitzens ein Ärgernis. In den Händen hält sie ein Gebetbuch, um einen Finger gewickelt ist ein Rosenkranz mit roten Perlen zu erkennen. Sie trägt ein dunkles, aufwendig mit helleren Schnüren verziertes Gewand, mit Spitze besetzte Ärmel und eine gleichfarbige Haube, die Gesicht und Brüste zum Leuchten bringen und der Gestalt doch noch einen kleinen Hauch von Frische verleihen.

Das Kupferstichkabinett in Basel besitzt eine vorbereitende Zeichnung Holbeins, die Mary Wotton spontaner, lebhafter und liebenswürdiger zeigt. Vielleicht schien es nicht angemessen, sie so heiter darzustellen. Immerhin ist ein Porträt stets auch Selbstinszenierung, mit der ein bestimmtes Selbstbild überliefert werden soll.

Auffällig und schön ist die Säule links im Bild, die mit feinen Renaissanceornamenten überzogen ist, wie auch das bekrönende Kapitell. In der Renaissancearchitektur leben die antiken Bau- und Ornamentformen wieder auf.

Zu Lady Marys Porträt gibt es ein Gegenstück, ebenfalls von Holbein, das ihren Mann, Sir Henry Guildford (1489–1532), zeigt. Er war *Comptroller of the Household* von König Heinrich VIII., was wohl dem Amt eines Schatzmeisters entsprach. Heute sind die Eheleute »getrennt«: Sie hängt im Saint Louis Art Museum, während sein Bildnis im Besitz der englischen Königin ist und in der Tate Gallery in London ausgestellt wird.

Hans Holbein d. J., um 1497–1543
Bildnis der Mary Wotton, Lady Guildford, 1527, Saint Louis Art Museum

Hans Holbein d. J., um 1497–1543
Dame mit Eichhörnchen und Star, um 1527/28, London, National Gallery

DAME MIT EICHHÖRNCHEN UND STAR

Es ist ein auffälliges Porträt, das Hans Holbein etwa 1527 von einer Dame mit Eichhörnchen und Star gemalt hat. Die detailreiche und genaue Darstellung der Frau und der Tiere steht in merkwürdigem – doch ästhetisch reizvollem – Gegensatz zum blau-türkisfarbenen Hintergrund, dessen Farbintensität von oben nach unten leicht nachlässt. Vor diesem nahezu monochromen Hintergrund wirken die Figuren wie ausgeschnitten und aufgeklebt. Grundsätzlich stellt sich hier die Frage, ob solch einfache Hintergründe für die Auftraggeber kostengünstiger waren als Hintergründe mit Landschaftsausblicken oder Architekturteilen. Dann würden die Porträts auch nach Aufwand honoriert worden sein.

Die Porträtierte ist Anne Ashby (1497/98–1543), die mit Sir Francis Lovell (gest. 1551) verheiratet war, vielleicht steht das Bild mit der Geburt des Sohnes Thomas 1526 in Verbindung. Sir Francis war englischer Hofbeamter, der im Laufe seines Lebens verschiedene Ämter innehatte.

Auch wenn das angekettete Eichhörnchen friedlich auf Lady Annes Arm sitzt und sich mit einer Nuss beschäftigt, Eichhörnchen sind keine Haustiere, die sich zähmen lassen. Warum also dann das Tier im Bild? Das Eichhörnchen ist Teil des Wappens der Lovells, insofern ein Verweis auf den Auftraggeber des Bildes und der Schlüssel zur Identifizierung der Dargestellten, über deren Leben sonst kaum etwas bekannt ist. Der Star, englisch *starling*, könnte ein Wortspiel zu »Harling«, dem Familiensitz, sein.

Francis Lovell war mit Robert Le Strange of Elsing (1493–1544/45) befreundet, der ebenfalls von Holbein porträtiert wurde, und dort verkehrten auch die Guildfords, ebenfalls von Holbein gemalt (siehe Seite 60). Es ist anzunehmen, dass sich hier ein ganzer Freundeskreis aus dem englischen Beamtenadel von Holbein konterfeien ließ, was zeigt, wie wichtig es für den Künstler war, Kontakt zu den Auftraggebern zu halten.

ELEONORE VON FRANKREICH

Das Wiener Bild des niederländischen Malers Joos van Cleve, das Eleonore von Kastilien (1498–1558) zeigt, wirkt auf den ersten Blick wegen des kleinen Formates – es ist nur 35,5 cm hoch und 29,5 cm breit, recht privat. Dieser ersten Beurteilung steht aber die aufwendige, kostbare und prachtvolle Kleidung der Prinzessin entgegen, und tatsächlich handelt es sich bei diesem Bild um ein echtes Staatsporträt. In verschiedenen Formaten haben sich zahlreiche Varianten und Wiederholungen erhalten. Vermutlich wurden solche Bilder an Verwandte oder Parteigänger verschenkt, um an die Dargestellten zu erinnern.

Auf dem kleinen Schriftstück, das Eleonore in der Hand hält, wird sie als *xpinisma* (= *christianisima*) bezeichnet, was, mit »Allerchristlichste« übersetzt, der Ehrentitel der französischen Könige und Königinnen ist. Zur Königin von Frankreich wurde Eleonore am 3. Mai 1531 gekrönt, somit ist das Bild frühestens im Mai 1531 entstanden.

Das Leben der Eleonore von Kastilien zeigt exemplarisch, wie sehr ranghohe Frauen in der (Heirats-)Politik instrumentalisiert wurden. Als Tochter Philipps des Schönen (1478–1506) und Johannas der Wahnsinnigen (1479–1555) geboren und Enkelin der Maria von Burgund (1457–1482) (siehe Seite 46), war sie eine Schwester Kaiser Karls V. (1500–1558). Ihre Schwestern waren Königinnen in Dänemark, Böhmen/Ungarn und Portugal. Sie selbst war ebenfalls nach Portugal verheiratet worden, doch starb König Manuel I. (1449–1521) bereits nach zwei Ehejahren. Eleonore, noch im gebärfähigen Alter, konnte nochmals verheiratet werden. Dieses Mal sollte es der französische König Franz I. (1494–1547) sein, der nach der verlorenen Schlacht von Pavia im Jahre 1525 Gefangener ihres Bruders Karl gewesen war. Durch die Erzrivalität der beiden Könige war die Anbahnung der Heirat sehr schwierig. Trotzdem kam es 1530 zur Hochzeit, was weitere Kriege zwischen Franz I. und Karl V. aber nicht verhindern konnte.

1555 dankte Kaiser Karl V. ab, und seine Schwestern Maria und Eleonore, beide Witwen, begleiteten ihn nach Spanien, wohin sich der Monarch zurückzog. Dort sind alle drei im Jahre 1558 gestorben.

Joos van Cleve, um 1485–1541
Bildnis der Eleonore von Kastilien, Königin von Frankreich, um 1531, Wien, Kunsthistorisches Museum

GINEVRA ALDROVANDI HERCOLANI

Die Bologneser Malerin Lavinia Fontana war eine hervorragende, anerkannte Porträtistin. Das abgebildete Porträt zeigt Ginevra Aldrovandi Hercolani in schwarzer Witwenkleidung. Ginevra war seit 1593 die Witwe des Bologneser Senators Ercole Hercolani und gehörte damit zur Oberschicht der Stadt, wovon noch heute in Bologna der (spätere) Palazzo Hercolani zeugt.

Die Witwe sitzt in einem hohen Lehnstuhl, der kostbar bezogen ist, und schaut den Betrachter ernst an. Kostbar ist ihre Kleidung, die mit Spitzen an den Ärmeln und am Kragen verziert ist. Solche Spitzen, die ein Vermögen wert waren, wurden in Italien vor allem in Venedig, Genua und Mailand hergestellt. Der Kragen umschließt den Hals vollkommen, sodass der Kopf der Dargestellten unmittelbar auf dem Rumpf aufzusitzen scheint, was dem Porträt zusätzliche Strenge verleiht.

In der Renaissance entspricht es nicht der Haltung eines Menschen von Stand, sich emotionalisiert porträtieren zu lassen. So wird auch Trauer nicht offen im Bild gezeigt; stattdessen werden Objekte eingefügt, die auf Trauer und Schmerz der Hinterbliebenen verweisen. Das Taschentuch, mit dem sie die Tränen um ihren Mann trocknen kann, und der Hund sind solche Verweise. Das Schoßhündchen ist Zeichen der sozialen Stellung der Ginevra Aldrovandi Hercolani, denn Hunde dieser Art haben einzig die Funktion, ihre Besitzer(innen) zu erfreuen. Darüber hinaus sind Hunde Symbol für Treue (siehe Seite 126). Ginevra reicht dem Hund die Rechte, und der Hund »gibt Pfötchen«. Damit dokumentiert sie, dass sie ihrem Mann über den Tod hinaus treu ist.

Für verwitwete Frauen gab es nur zwei Lebensformen: Entweder sie heirateten nach meist einem Jahr der Trauer wieder oder sie lebten zurückgezogen als Witwen und kleideten sich fortan in der üblichen Trauerkleidung. Unterblieb eine Wiederheirat, war keusche Witwentreue ein absolutes gesellschaftliches Muss. So wird Ginevra Aldrovandi Hercolani, ohne dass eine Träne flösse, als tief trauernde Witwe inszeniert.

Lavinia Fontana, 1552–1614
Bildnis der Ginevra Aldrovandi Hercolani als Witwe, um 1595, Baltimore, Walters Art Museum

ELIZABETH I.

Königin Elizabeth I. (1533 – 1603) war die Tochter Heinrichs VIII. (1491 – 1547) und Anne Boleyns (1501/07 – 1536), die Heinrich hatte enthaupten lassen. Elizabeth war erst nicht als Thronerbin vorgesehen, doch nach vielen Wirren wurde sie 1559 zur Königin von England gekrönt. Die Monarchin hatte vermutlich eine Reihe von Liebhabern, heiratete aber nie, und mit ihr endete die kurze Zeit der Tudor-Dynastie (siehe Holbein d. J., Seite 40).

Aus dem Umkreis des flämischen Malers Quentin Massys d. J. stammt das abgebildete Porträt der Königin, das eng mit einem zweiten Bild Massys' in der Pinacoteca Nazionale in Siena verwandt ist. Auf beiden Bildern ist die Königin mit einem Sieb dargestellt, wie es heute noch bei Bäckern zum Mehlsieben Verwendung findet. Aber warum hat eine Königin Bäckerwerkzeug in der Hand? Sicher war Elizabeth nicht von Backlust befallen, das Sieb ist Verweis auf eine Geschichte, die der römische Autor Valerius Maximus (1. Jh. n. Chr.) in den »Denkwürdigen Taten und Worten« überliefert: Tuccia, eine jungfräuliche Priesterin der Vesta, war des Inzestes beschuldigt worden, was für sie den Tod bedeutet hätte. Da ergriff die Beschuldigte ein Sieb und sprach: »O Vesta (...) mach, daß ich hiermit Wasser aus dem Tiber schöpfen und in den Tempel bringen kann.« (VIII, 1, Abs. V, übersetzt v. Blank-Sangmeister). Das Unglaubliche gelang, und Tuccia war rehabilitiert.

Seit den späten 1570er Jahren stilisierte sich die unverheiratete Elisabeth zunehmend als Jungfrau, als »*The Virgin Queen*«. Ehelosigkeit war in der Renaissance nur als religiöser Akt der Enthaltsamkeit toleriert; mit der Inszenierung als Jungfrau erhob Elisabeth ihren Lebenswandel in quasi religiöse Dimensionen.

Der Globus neben Elizabeth weist in die Welt und spiegelt die Größe und die Bedeutung der englischen Seemacht wider. Ist die Königin auch machtvoll und zeigt das Porträt sie voll Hoheit, so ist sie doch gleichzeitig eine Gefangene ihrer Robe, die sie einschließt, bindet und fesselt.

Quentin Massys d. J., 1543–1589
Elizabeth I., 1583, Kunsthandel

KAPITEL 3

Heilige und Kurtisanen

»Das Ferne, das Unnahbare wird auf ein irdisches Maß reduziert«

Bei aller Antikenbegeisterung der Renaissance darf nicht ausgeblendet werden, dass die meisten Menschen weiterhin in hohem Maße gläubig waren. Die Erkenntnisse, die beim Umsegeln der Welt, die beim Beobachten der Sterne gewonnen wurden, sie alle untermauerten letztlich die Perfektion der göttlichen Schöpfung.

Daher sind sämtliche religiöse Bildthemen weiterhin aktuell und darstellenswert, auch wenn sich die Art, Szenen ins Bild zu setzen, verändert. Vielleicht wird dies bei Darstellungen der Muttergottes mit dem Jesusknaben am deutlichsten: Waren bis ins frühe 15. Jahrhundert vor allem Marienbilder entstanden, die hochherrschaftlich wirkten, Maria auf Thronen zeigten, werden jetzt Marienbilder mit genrehaftem Charakter (siehe Seite 88), etwa von Albrecht Dürer (1471–1528), gemalt. Hier scheint Maria eine junge Frau von nebenan zu sein, ohne dass das Bild alltäglich wirkt. Parallel bleiben aber auch hoheitsvolle Bildtypen erhalten, wie es Raffaels (1483–1520) »Madonna della sedia« (»Madonna della seggiola«) (siehe Seite 82) zeigt.

Wenden wir uns zuerst den heiligen Frauen zu: Für das Buch wurden drei Bilder zweier Heiliger ausgesucht. Girolamo (Gerolamo) di Benvenuto (1470–1542) stellte um 1500 die hl. Katharina von Siena dar (siehe Seite 90), die bei Girolamo als besonders Gottesfürchtige gezeigt wird. Aber die Nonne ist nicht nur fromm, sie ist auch klug und versteht es, politisch zu handeln, um die Päpste, die in Avignon residierten, zurück nach Rom zu holen. Wenn auch ihr tatsächlicher Anteil an dieser Aktion umstritten ist, sie war beteiligt und ist vom Papst empfangen worden. Eine einfache Nonne aus Siena, die keinem adeligen Hause entstammte, wurde vorgelassen und forderte den Papst auf, nach Rom zurückzukehren. Ein Tun, dessen Mut, ja Verwegenheit, kaum hoch genug einzuschätzen ist, auch vor dem Hintergrund der Bedeutung und der Rolle von Frauen in der kirchlichen Hierarchie.

Maria Magdalena (siehe di Cosimo, Seite 78, und Savoldo, Seite 80) ist gleichsam Vermittlerin zwischen den heiligen Frauen und den Kurtisanen. Da Christus sie von den Sünden, die sie auf sich geladen hatte, freisprach, ist sie *die* Identifikationsheilige schlechthin, denn sie gibt allen reumütigen Sündern die Hoffnung, dass ihnen dereinst dasselbe widerfahre.

Kurtisanen und der mit ihnen verbundene Ehebruch wurden – zähneknirschend – hingenommen, weil die fürstlichen und patrizischen Ehen Zwangsehen waren. Nach Liebe oder persönlichem Glück der Vermählten fragte niemand.

Das Identifizieren von Kurtisanen im Bilde ist schwierig, da es keine festen Konventionen gab, sie darzustellen. Mag sein, dass zu manch einer mythologischen Figur die Geliebte eines Fürsten Modell saß. Es mag auch sein, dass besonders gekleidete Frauen dann und wann Kurtisanen sind, doch bei den meisten Bildern, bei denen man dies einst vermutete, konnte es längst widerlegt werden. Wir haben sie dennoch in dieses Kapitel aufgenommen, da die Bildnisse noch heute oft so tituliert werden – in den Texten wird auf das Problem der richtigen Deutung jeweils verwiesen.

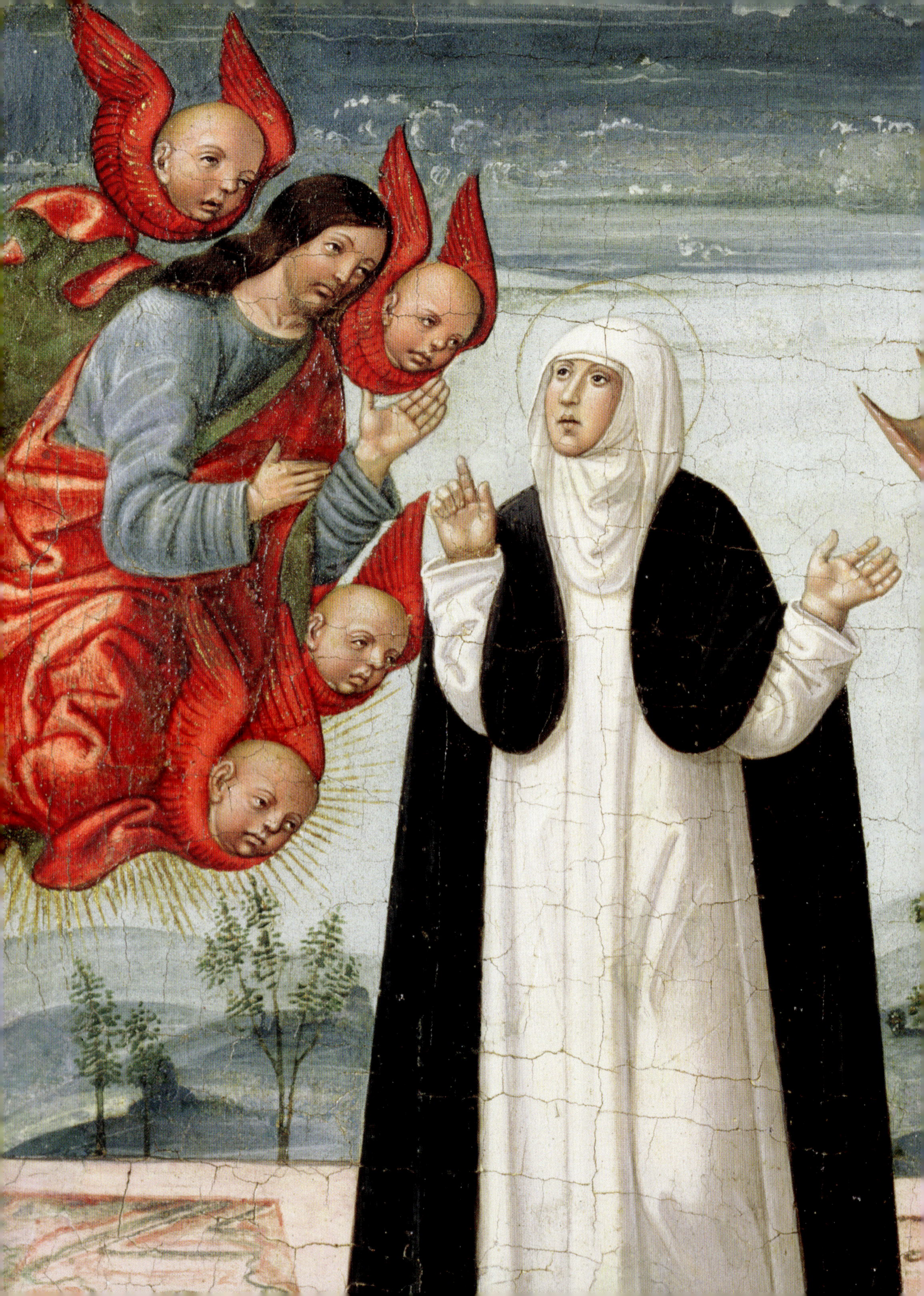

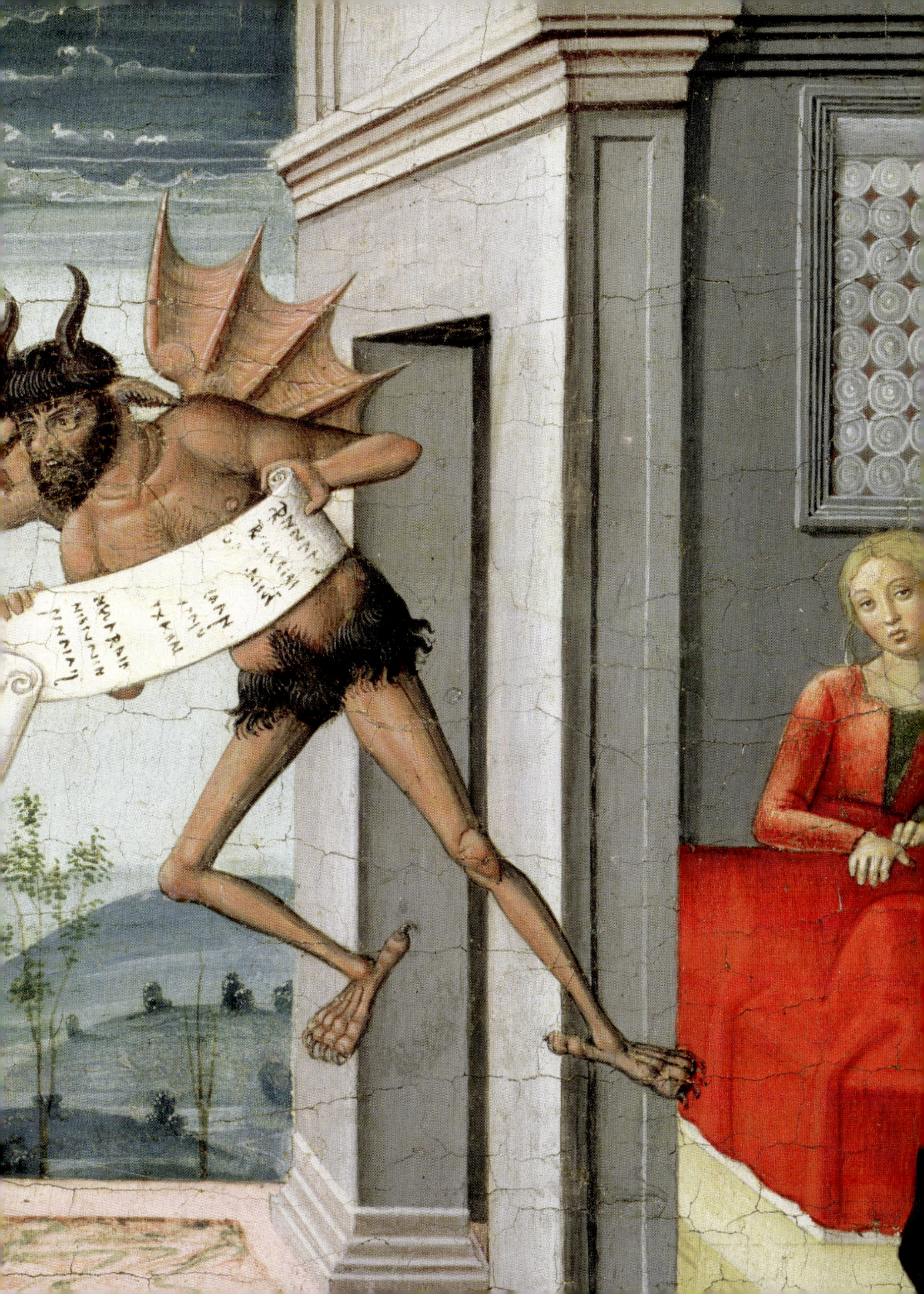

Leonardo da Vinci, 1452–1519
Die Dame mit dem Hermelin (Cecilia Gallerani), um 1490, Krakau, Muzeum Czartoryski

DIE DAME MIT DEM HERMELIN

Leonardos Porträt der Cecilia Gallerani (1473–1536) ist eines der eindrucksvollsten Porträts der Renaissance, auch wenn der Hintergrund von fremder Hand erst später dunkel übermalt wurde, der von Leonardo in hellerem Graublau angelegt war.

Cecilia wurde spätestens 1489 die Mätresse des kunstsinnigen Ludovico il Moro (1452–1508), des aus dem Hause Sforza stammenden Herzogs von Mailand und Förderers Leonardo da Vincis. Seine Geliebte war Cecilia Gallerani nur bis 1491, dem Jahr seiner Eheschließung mit Beatrice d'Este (1475–1497). Kurz vor der Ankunft Beatrices wurde die schwangere Mätresse aus dem Palast gebracht, um die Braut nicht zu brüskieren.

Leonardo stellt Gallerani auf eine für seine Zeit ganz neue Art und Weise dar, wenn er ihren Körper nach links gewandt zeigt, sie aber den Kopf nach rechts halten lässt, wodurch eine lebhafte Spannung entsteht. Diese Spannung wird durch den Lichteinfall von oben rechts noch verstärkt und vom Hermelin gleichsam aufgegriffen. Warum aber trägt eine Mätresse ein kleines Raubtier bei sich?

Hermeline haben eine ganze Reihe von Bedeutungen. Im Griechischen heißt Hermelin *galeä*, womit eine Anspielung auf den Namen der jungen Frau (Gallerani) gemacht wäre. Ludovico seinerseits benutzte das Hermelin als Emblem, sodass sie das Tier stellvertretend für ihn bei sich trägt und an seiner statt kraulen und liebkosen kann und darf. Hermeline gelten außerdem als Tiere, die die Reinheit lieben und die sich eher vom Jäger erschlagen lassen, als das weiße Fell durch Flucht zu beschmutzen. Schließlich könnte es sich auch auf die Schwangerschaft Cecilias beziehen, da Hermeline als Beschützer der Schwangeren galten. Im Mai des Jahres 1491 gebar sie den gemeinsamen Sohn Cesare, im Jahr darauf wurde sie mit einem Grafen vermählt und auf diese Weise abgefunden. Das Bild war bis zum Tode Cecilias in ihrem Besitz.

Albrecht Dürer, 1471–1528
Bildnis der Barbara Holper, Mutter des Künstlers, um 1490, Nürnberg, Germanisches Nationalmuseum

BARBARA DÜRER

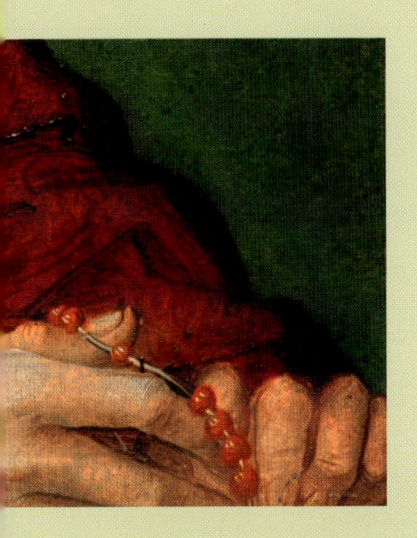

Dürer war noch keine zwanzig Jahre alt, als er das Bildnis seiner Mutter schuf, zu dem sich noch als Pendant das Bildnis des Vaters erhalten hat. Die Elternbildnisse sind vermutlich die ältesten Tafelbilder, die von Dürer bekannt sind, und zeigen, wie bravourös auch schon der junge Dürer das Malen beherrschte.

Dürer malt seine Mutter nach rechts gewandt und setzt sie so in enge Verbindung zum Porträt des Vaters, das auf eine eigene Tafel gemalt ist. Sie trägt ein rotes Kleid und eine weiße Haube, die sie unter anderem als Verheiratete ausweist. In den Händen hält die etwa 40-Jährige, die schon mit fünfzehn einen Gesellen aus der Goldschmiedewerkstatt ihres Vaters geheiratet hatte, einen Rosenkranz. So weist Dürer seine Mutter als fromme, gottesfürchtige Frau aus, die im Gebet Jesus Christus und die Gottesmutter ehrt und um Beistand bittet. Das Bildnis des Vaters zeigt diesen übrigens auch mit Rosenkranz in den Händen.

Barbara Holper (1452–1514) gebar während ihrer Ehe mindestens achtzehn Kinder, doch nur drei von ihnen erreichten das Erwachsenenalter. Diese hohe Kindersterblichkeit ist für das späte 15. Jahrhundert ganz gewöhnlich. Ungewöhnlicher ist schon die Zahl von achtzehn Kindern, denn sehr viele Frauen starben während der Geburt oder im Kindbett, weshalb auch große Altersunterschiede beim Eheschließen – Albrecht Dürers Vater war vermutlich mehr als fünfundzwanzig Jahre älter als seine Frau – recht normal waren.

Dürers Bildnis seiner Mutter ist mit größter Detailgenauigkeit ausgeführt. Dieser hohe Detailnaturalismus wurde zu Beginn des 15. Jahrhunderts in den Niederlanden entwickelt und verbreitete sich über das ganze Europa mit Ausnahme von Russland. In die Niederlande reiste Dürer aber erst sehr viel später, sodass er Originale von niederländischen Meistern zu diesem Zeitpunkt kaum gekannt haben dürfte. Seinen ersten Unterricht erhielt Dürer vom Vater und von 1484 bis 1490 in der Werkstatt des Nürnberger Malers Michael Wolgemut (1434–1519). Das Porträt der Mutter dürfte also mit der Beendigung der Lehre bei Wolgemut in etwa zusammenfallen.

MARIA MAGDALENA

Piero di Cosimo schuf in seinem Malerleben viele Bilder mit außergewöhnlichen Ikonographien, die bis heute nicht schlüssig zu interpretieren und zu erklären sind.

So verhält es sich auch mit seiner Maria Magdalena, die in einer dunklen Stube zu sitzen oder zu stehen scheint und ihre Arme auf eine (Fenster-)Brüstung gelegt hat. Seitlich ist das Salbgefäß zu sehen, mit dem sie den Leichnam Jesu salben wollte. Die Heilige liest in einem Buch; dass es sich dabei um die Bibel oder ein anderes frommes Werk handeln muss, versteht sich von selbst. Auffällig sind die Perlen, die in ihre Frisur eingeflochten wurden, die nicht so recht zur reuigen Sünderin zu passen scheinen. In der flämischen und deutschen Malerei des frühen 16. Jahrhunderts finden sich verwandte Darstellungen, aber dass Piero di Cosimo solche kannte, ist ziemlich unwahrscheinlich, auch wenn in Florenz niederländische Bilder gekauft und gesammelt wurden.

Das Gesicht der Heiligen könnte sogar das Porträt einer jungen Frau sein, die sich als Maria Magdalena darstellen ließ. Freiwillig in die Rolle einer vermuteten Prostituierten zu schlüpfen mag uns Heutige merkwürdig anmuten, zudem nicht zu vergessen ist, dass die Porträtierte auf jeden Fall zur Oberschicht zählte. Da die Darstellung jedoch einen Akt der Demut zeigt, ist genau diese Demut der Schlüssel zum Bild.

Maria von Magdala wird in den Schriften des Neuen Testaments mehrfach erwähnt, doch in der christlichen Legendenbildung werden mehrere Frauen zu Maria Magdalena verschmolzen. Zu ihnen gehört auch die namenlose Sünderin, die im Hause eines Pharisäers Jesu Füße mit ihren Tränen netzt und mit ihrem Haar trocknet. Jesus weiß um das Vorleben der Frau und spricht (Lukas 7,47): »Ihr sind ihre vielen Sünden vergeben, weil sie (mir) so viel Liebe gezeigt hat.«

Nach christlichem Verständnis sind alle Menschen sündig und bedürfen der Gnade und Erlösung Gottes. Wenn nun Maria Magdalena dargestellt wird oder – was dies noch steigert – sich eine Frau als Maria Magdalena porträtieren lässt –, ist dies demütiger Ausdruck der Hoffnung und die Bitte auf Erlösung.

Piero di Cosimo, 1462–1521
Maria Magdalena, 1501/10, Rom, Galleria Nazionale, Palazzo Barberini

MARIA MAGDALENA

Maria Magdalena in einen weiten Umhang gehüllt, der ihren Körper kaum erahnen lässt? So wird die Heilige nur selten dargestellt. Extremes beherrscht sonst ihre Ikonographie: Mal ist sie herausgeputzt, wie es ihr vermuteter früherer Beruf als Prostituierte wohl forderte. Mal ist sie die ungehemmt Büßende, die fast nackt in der Wüste kniet oder kauert und alle Kapriolen des Wetters – Hitze und Regen – auf nackter Haut ertragen muss.

Im Evangelium des Johannes (20,1ff.) wird berichtet, dass Maria von Magdala zum Grab Jesu kam und sah, dass der Stein, der das Grab verschlossen hatte, weggenommen war. Daraufhin lief sie schnell zu Petrus und den anderen Jüngern, um ihnen dies zu berichten. Die Auferstehung selbst hat sie noch nicht begriffen.

Auch Savoldos Maria Magdalena nähert sich dem Grab: gebückt und verschleiert. Sie will offenbar nicht auffallen, keinen Lärm machen und keine Aufmerksamkeit auf sich ziehen. Aber ihr Gewand ist dafür viel zu prachtvoll, zwar verhüllt es den Körper, doch seine Stofflichkeit, die an einen schweren Seidenstoff denken lässt, wird zum Blickfang.

Die Heilige schaut aus dem Bild, ein wichtiges Detail, weil es den Betrachter anspricht, ihm entgegenkommt. Maria Magdalenas Lebenswandel war sündhaft; doch sie war reuig, und so hat Gott beziehungsweise Jesus ihr vergeben. Er lässt sie sogar zu einer der ersten Zeuginnen der Auferstehung werden. An Maria Magdalena zeigt sich die göttliche Gnade. Sie ist Hoffnungsträgerin für die Menschen, die Gleiches erhoffen dürfen, wenn sie bereuen.

So ist es sinnvoll, sie nicht allzu sinnlich und aufreizend darzustellen, denn die Reue wird glaubhafter, und die Identifikation mit ihr fällt leichter. In anderem Zusammenhang schreibt der italienische Künstlerbiograf Giorgio Vasari (1511–1574): »(...) sie weckt nicht die Sinnlichkeit, sondern das Mitleid, obgleich sie wunderschön ist.«

Giovanni Girolamo Savoldo, um 1480–1548
Hl. Maria Magdalena nähert sich dem Grab Jesu, 1535/40, London, National Gallery

Raffael, 1483–1520
Madonna della sedia (Madonna della seggiola), um 1513/14, Florenz, Palazzo Pitti

MARIA AUF DEM THRON

Raffaels »Madonna della sedia« oder »Madonna della seggiola« verdankt ihren Namen dem links im Bild sichtbaren Möbelteil, das mal als Stuhl (*sedia*), mal als Thron (*seggiola*), gedeutet wird und wurde. Tatsächlich erinnert es an die Sitzmöbel, auf denen die Päpste der Renaissance porträtiert wurden. Da es etwas unmotiviert ins Bild gesetzt ist, könnte es ein Verweis auf den Auftraggeber sein, vielleicht Papst Leo X. (1475–1521, Pontifikat 1513–1521).

Die »Madonna della sedia« ist neben der »Sixtinischen Madonna« die bekannteste der vielen Madonnendarstellungen, die Raffael schuf. Das Rundbild (Tondo) zeigt die sitzende Muttergottes, die ihren wohlgenährten Sohn liebevoll umarmt, der sich seinerseits an die Mutter schmiegt. Rechts im Bild – und etwas außen vor – ist Johannes der Täufer als Kind zu sehen. Er trägt schon das Gewand des büßenden Wanderpredigers aus Kamelfell, das er auch als Erwachsener noch tragen wird. Zudem führt er einen spielzeughaft kleinen Kreuzesstab mit sich. Die Hände zum Gebet zusammengelegt, verehrt er den Messiasknaben und seine Mutter.

Maria schaut so aus dem Bild heraus, dass der Betrachterstandpunkt ein sehr niedriger gewesen sein muss. Das spricht entweder für eine hohe Aufhängung des Tondos oder dafür, dass das Bild geschaffen wurde, um vor ihm kniend religiöse Bräuche zu verrichten. Dann schaute die Muttergottes freundlich als Mittlerin auf den Betenden herab, um dessen Gebete und Hoffnungen Christus vorzutragen.

Ähnlich wie die etwas frühere »Madonna mit der Birne« (siehe Seite 88) von Albrecht Dürer, schuf auch Raffael ein Marienbild, das durch seine Unmittelbarkeit besticht. Mutter und Kind wirken wie »aus dem Leben gegriffen«, und erst die Heiligenscheine Mariens und Johannes' machen deutlich, dass es sich um ein religiöses Bildthema handelt.

Raffael zeigt wie Dürer Maria mehr als Frau und Mutter denn als Heilige und Gottesgebärerin. Darin liegt nicht nur eine Verweltlichung des Themas. Maria ist, weil die höfisch-hoheitliche Distanz aufgehoben wird, Ansprechpartnerin der Glaubenden. An Maria und den Knaben kann sich der sorgenvolle Mensch ohne Scheu und ohne hierarchische Distanz voll Vertrauen wenden.

VENEZIANISCHE DAMEN

Obgleich der venezianische Maler Vittore Carpaccio fast ausschließlich Bilder mit christlichen Themen malte, sind die beiden venezianischen Damen, die sich auf einer Terrasse niedergelassen haben, wohl sein bekanntestes Bild.

Die Damen der venezianischen Gesellschaft wurden in der älteren Literatur zu »Kurtisanen«, vermutlich, weil ihr Nichtstun und die auffällige Kleidung missdeutet wurden. Außerdem dachte man wohl eher an ein Bordell denn an Kurtisanen. Diese waren nicht gewerbsmäßig in entsprechenden Einrichtungen, um ihr Geld zu verdienen, sondern eher die Geliebte eines gesellschaftlich hochstehenden Mannes. Oft waren Kurtisanen oder Mätressen auch innerhalb des höfischen Systems anerkannt und integriert.

Die Szene, die Carpaccio darstellt, ist schwer zu deuten. Vielleicht handelt es sich um eine bloße Alltagsszene, die zwei Frauen beim *dolce farniente*, beim süßen Nichtstun zeigt. Auffällig ist, dass auf dem Bild Vögel und Hunde zu sehen sind. Bei den Vögeln handelt es sich vor allem um Tauben sowie einen Papagei und einen Pfau am Boden. Pfau und Papagei sind vermutlich als Luxustiere abgebildet, ihre religiösen Nebenbedeutungen (Pfauen sind Symbole des Paradieses und der Auferstehung; Papageien werden mit Maria und der Verkündigung in Verbindung gebracht) können wohl ausgeschlossen werden. Tauben aber sind im weltlichen Zusammenhang Symbol der Venus und mithin der Liebe, während Hunde Zeichen der Treue sind. Geht es Carpaccio um Liebe und Treue? Warten die beiden Frauen auf die Ehemänner? Das alles muss Spekulation bleiben, doch übel über die beiden zu sprechen wäre sicher nicht angebracht.

Vittore Carpaccio, um 1460 – 1525/26
Zwei venezianische Damen auf einer Terrasse, um 1506, Venedig, Museo Civico Correr

JUNGE FRAU AUS FLANDERN

Petrus Christus, der Maler mit dem unverwechselbaren Namen, ist einer der Großen der altniederländischen Malerei. Früher nahm man an, dass er Schüler Jan van Eycks (um 1390–1441) in Brügge gewesen sei. Was Jan van Eyck und Petrus Christus trotzdem unzweifelhaft verbindet, ist der virtuose Umgang mit Pinsel und Farbe. Das Œuvre des Petrus Christus ist vergleichsweise schmal, doch gibt es von ihm ein paar gesicherte, da signierte, Arbeiten, was die Zuschreibung erleichtert. Vielleicht war das Berliner Bild einstmals auch auf dem Rahmen signiert, doch hat sich der Rahmen, der im 19. Jahrhundert noch vorhanden war, nicht erhalten. Dort könnte auch vermerkt gewesen sein, wer die Porträtierte ist.

Das Porträtbild hat ein kleines Format, es misst nur 28 cm in der Höhe, und dennoch ist es eines der ausdrucksstärksten Porträts, die nördlich der Alpen im 15. Jahrhundert entstanden sind.

Unnachahmlich schaut die junge Dame den Betrachter aus den Augenwinkeln an. Effektvoll arbeitet der Künstler den Gegensatz von edler weißer Haut und dunkelem Gewand und schwarzer Haube heraus. Ein kostbares, mehrreihiges Geschmeide ist um den schlanken, makellosen Hals gelegt. Nicht ganz parallel zur Bildachse hat Petrus Christus sie porträtiert, was augenfällig wird, da beim Betrachten ihre große schwarze Haube diagonal in die Bildtiefe führt.

Die Bildtiefe ist für die flämische Malerei des späteren 15. Jahrhunderts etwas ganz Besonderes: Wurden bislang Porträtierte vor undifferenzierten, dunklen Hintergründen abgebildet, so erschafft Petrus Christus einen Raum. Es wirkt, als stünde oder säße die junge Frau in einem Raum, dessen hintere Wand mit Paneelen verkleidet ist. Petrus Christus malt der jungen Frau einen echten Bildraum, in dem sie positioniert wird.

Auch wenn es bald darauf üblich werden wird, Menschen in Räumen und Landschaften darzustellen, so schuf Petrus Christus doch ein Bildnis, das an Charme und geheimnisvoller Distanz Leonardos »Mona Lisa« in nichts nachsteht!

Petrus Christus, um 1410 – 1472/73
Bildnis einer jungen Frau, um 1470, Berlin, Gemäldegalerie

MARIA MIT DER BIRNE

In der Kunst der Renaissance nehmen Themen, die aus Mythologie und Geschichte stammen, immer breiteren Raum ein. Daneben werden aber auch die tradierten christlichen Themen weiterhin dargestellt, wobei sich dabei manchmal spannende Neuerungen entwickeln.

Dürers »Madonna mit der Birne« ist eine solche Neuerung. Bislang wurde die Muttergottes fast immer idealtypisch dargestellt, und grundsätzlich verändert die Renaissance daran nichts. Marias Schönheit scheint konstruiert, weil die Maler stets versuchen, die Natur zu übertreffen.

Diesen Versuchen hing Dürer ebenfalls an, der fast schon manisch der Schönheit durch Messen und Vermessen auf den Grund kommen wollte. Dürer maß immerzu Gesichter und Körper und erhoffte, mit einer Proportionslehre den idealen Körper konstruieren zu können.

Doch wie anders malt er die »Madonna mit der Birne«! Sie wirkt auf den unvoreingenommenen Betrachter wie eine junge Frau von nebenan, die ein Kind auf dem Arm hält. Natürlich schaut Maria auch bei Dürer versonnen, ruhig und erhaben auf ihren Sohn, den sie vorsichtig auf den Händen trägt. Dennoch machen Schleier und herabfließende Haarlocken sie zu einer recht normalen jungen Frau, wie sie Dürer auch in Nürnberg auf dem Marktplatz hätte begegnen können.

Das Ferne, das Unnahbare der Gottesmutter wird auf ein irdisches Maß reduziert. Bei Dürer wird sie wieder zu einer jungen Frau aus Nazareth, die einen Sohn geboren hat. Das Feierlich-Übersteigerte der Gottesgebärerin (*Theotekos*) wird in ein allgemeines, menschliches Antlitz übertragen. Auch das Kind ist in erster Linie Mensch, weniger Heiland und Erlöser. Auf den Händen der Mutter scheint sich der Knabe zu winden, hat an der Birne geknabbert. Deutlich ist sein Geschlecht erkennbar, was seit dem Mittelalter Zeichen für die Menschwerdung des Gottessohnes ist. Bleibt noch das Tuch, auf dem das Kind liegt: Die Mutter berührt das Kind nicht direkt, das Tuch bleibt zwischen ihr und ihrem Sohn, denn sie hält den Leib Christi, das Corpus Christi, das im Mittelalter nur Priester berührten.

Albrecht Dürer, 1471–1528
Maria mit dem Kind (Madonna mit der Birne), 1512, Wien, Kunsthistorisches Museum

Girolamo (Gerolamo) di Benvenuto, 1470–1542
Katharina von Siena bittet Christus, die sterbende Schwester Palmerina aus dem Pakt mit dem Teufel zu entlassen, um 1500, Cambridge, Harvard University Art Museums, Fogg Art Museum

KATHARINA VON SIENA

Katharina von Siena (1347–1378) ist eine der faszinierendsten Frauen der frühen Renaissance. Bereits 1362 trat sie in den Orden der Bußschwestern des Hl. Dominikus ein und widmete sich fortan der Armen- und Krankenpflege. Sie war Mystikerin, erlebte Visionen und intensive Gotteserfahrungen, die sogar zur Stigmatisierung führen, das heißt, sie trug die blutenden und schmerzenden Wundmale Jesu Christi.

Seit 1309 residierten die Päpste in Avignon, was Katharina als unhaltbaren Zustand empfand. So machte sie sich nach Avignon auf, wo sie auch tatsächlich von Papst Gregor XI. (1329–1378, Pontifikat 1370–78) empfangen wurde. Wie groß Katharinas Anteil am nachfolgenden Geschehen auch gewesen sein mag: Der Papst kehrte 1376 Avignon den Rücken und residierte seit 1377 formell wieder in Rom.

Im Jahre 1378 starb Katharina von Siena in Rom, wo sie unter dem heutigen Hochaltar von Santa Maria sopra Minerva in Rom beigesetzt wurde, ihr Haupt aber wird in San Domenico in Siena aufbewahrt. Pius II. (1405–1464, Pontifikat 1458–1464) sprach sie 1461 heilig.

Girolamo di Benvenuto ist ein Sieneser Maler, der fast einhundert Jahre nach Katharinas Tod geboren wurde. Die abgebildete Tafel stammt aus der Predella (Unterbau) eines Altarretabels (Altaraufsatzes), das in seiner Gesamtheit der Vita Katharinas gewidmet war. Anschaulich wird in zwei Szenen eine Gebetserhörung erzählt. Katharina wurde von einer Mitschwester mit großem Hass verfolgt, dessen Ursache aber nicht festzustellen war. Selbst auf dem Totenbett konnte diese von ihrem Hass nicht ablassen. So ängstigte sich Katharina um die Seele der Schwester Palmerina und bat Christus, stellvertretend für sie Buße tun zu dürfen. Nach Tagen intensiven und unablässigen Betens vergab Christus Palmerina, die nun in Frieden sterben konnte.

Links ist Katharina im Gebetsgespräch mit Christus zu sehen, der ihr von Engeln umgeben erscheint. Währenddessen weicht der Teufel aus dem Sterbezimmer Palmerinas, mit einem Schriftstück in der Hand. Es ist der Vertrag, den er einst mit der Nonne geschlossen hatte. Palmerina aber liegt sterbend im Bett, während die Umstehenden für ihr Seelenheil beten.

Filippo Lippi, 1406–1469
Verkündigung an Maria, 1443/45, München, Alte Pinakothek

MARIA

Die »Verkündigung an Maria« ist eines der beliebtesten Themen der christlichen Kunst, da es zeigt, »wie alles begann«. Auch während der Renaissance entstanden diesseits und jenseits der Alpen unzählige Verkündigungsszenen. Ist es im 15. Jahrhundert im Norden üblich, die Verkündigung in Wohnstuben oder Schlafzimmer zu verlegen, die sich eng an zeitgenössischem Wohnen orientieren, jedoch ohne dieses wirklich abzubilden, so herrschen in Italien Fantasiearchitekturen vor.

Auch Lippi lässt seine Verkündigung in einer weiträumigen Fantasiearchitektur stattfinden, bei der zwischen draußen und drinnen kaum unterschieden werden kann.

Maria hat sich von ihrem Betpult erhoben und steht in blauem Gewand vor dem Engel. Dieser wiederum kniet vor der Jungfrau, was die Hierarchie deutlich macht. Dies ist nicht bei allen Verkündigungen der Fall, denn oftmals kniet Maria, während der Engel steht. Lippi zeigt mit Maria so die zukünftige Gottesmutter und Gottesgebärerin: Ihr als auserwählter Jungfrau gebühren Ehre und Demut.

Der kniende Engel trägt einen mächtigen Lilienzweig – Symbol für Marias Unschuld – sowie ein Zepter oder einen Heroldstab. Der Engel Gabriel ist der Bote Gottes, der Maria verkündigt, dass sie den Messias gebären werde. Der Heilige Geist, der über Maria kommen wird, ist oberhalb des Lilienzweiges als weiße Taube zu erkennen, links oben ist Gottvater abgebildet. Eine Diagonale, die beim Vater beginnt, über die Taube des Geistes führt und bei Maria endet, zeigt die Dreifaltigkeit Gottes auf: Vater, Geist und werdenden Sohn. Ungewöhnlich ist der zweite Engel, der im Eingang steht und das Geschehen mitverfolgt. Vermutlich ist er als Begleiter Gabriels zu deuten.

Hinter der Verkündigungsszene wird der Blick des Betrachters in einen kleinen Garten, dessen Rasenfläche von einer Mauer eingefasst wird, gelenkt. Es ist der »geschlossene Garten«, der *Hortus conclusus*, der ebenfalls, als abgeschirmter und nicht zugänglicher Ort, ein Symbol für die Reinheit und Unschuld Mariens ist.

KAPITEL 4

Die idealisierte Frau

»O Schönheit, die weit mehr als selbst das Gute bewirkt«

O Schönheit, die weit mehr als selbst das Gute bewirkt, die von allen Seelen und allen Körpern erwünscht wird, gleichsam die dunkle und ruhige Sehnsucht bringt.« (Jäger, Seite 252) Der Philosoph Francesco Patrizi (1529–1597) veröffentlichte 1577 diese Worte über die Schönheit, in der er, im Zusammenhang seines Textes, auch einen Reflex der göttlichen Schöpfung sieht.

Das Erschaffen von Idealfiguren durch den Künstler ist eine theologische Gratwanderung, da die Konzeption und Konstruktion eines Ideals und die wahrnehmbare Natur miteinander in Einklang gebracht werden müssen. Das Genie des Künstlers vermag Neues, Ideales zu schaffen, doch die Befähigung dazu hat er wiederum von Gott empfangen. Wäre das nicht so, wäre alles Idealisieren eine Kritik an Gottes Schöpfung.

In diesem Kapitel finden sich neben Porträts heute oft unbekannter Frauen auch Darstellungen aus der Mythologie oder der antiken Geschichte. Künstler und Gelehrte der Renaissance waren nicht nur an den antiken Kunstwerken aus Stein interessiert, sie befassten sich auch mit antiker Literatur. Hatte man im Mittelalter die antiken Mythen – auf für uns abenteuerlich wirkende Weise – christlich umgedeutet, so wurden in der Renaissance erste Versuche unternommen, die antiken Texte zu rekonstruieren. Obwohl man sich dadurch den antiken Autoren sehr weit nähern konnte, bei Darstellungen von Venus (siehe die Seiten 100, 112, 124, 126, 128) oder Danae (siehe Seite 116) ging es ohne sittlich-moralische oder christliche Deutung noch nicht. Mag sein, dass wir noch nicht alle Ebenen dieser Bilder entschlüsseln können, sicher ist aber, dass das Gemeinte weit über das Dargestellt-Sichtbare hinausgeht.

Bei Themen, die dem alten Testament entstammten, war die überhöhende Botschaft schon in den Texten selbst gegeben. Hier aber geschah das Unglaubliche: Die tugendsamen Heldinnen wurden bei der Darstellung sexualisiert: So konnte die keusche Judith (siehe Seite 110) entblößt vor den Betrachter treten, doch wurde Nacktheit durch die Autorität und die Ehrwürdigkeit der literarischen Quelle und Details im Bild sanktioniert. Dieser Widerspruch ist vielen Bildern, vor allem solchen der nordischen Renaissance, eigen.

Kunst- und idealschöne Frauenkörper wurden von vielen Malern geschaffen. Ob alle Darstellungen, die wir heute als Bilder der Venus betrachten, auch als Venus gemeint waren, sei dahingestellt. Vergessen werden darf nicht, dass die Bildtitel alle nicht aus der Entstehungszeit stammen, sondern widerspiegeln, was man im 18. und 19. Jahrhundert glaubte, was dargestellt sei. Keine Göttin der Antike eignet sich besser, Vorstellungen eines Ideals zu verkörpern, als Venus, die schon in der Antike als die Verkörperung der Schönheit galt.

Aber auch Bildnisse von sterblichen Frauen wurden zu Idealbildnissen umgeformt. Die Konvention, bei Porträts keine Emotionen ins Bild zu setzen, kam dem entgegen. Die scheinbare – oder echte – Teilnahmslosigkeit löst die Dargestellten aus ihrer eigenen Zeit heraus, macht sie überzeitlich, wenn auch Kleidung und Haartracht zurückverweisen. Das verbindet die Bilder mit den Skulpturen der Venus und anderer Götter aus der Antike, die ebenfalls diese edle Anteilnahmslosigkeit ausstrahlen: Beispielsweise zeigt sich der emotionale Laokoon (der berühmten Laokoon-Gruppe in den Vatikanischen Museen), im Schmerz des Sterbens als Sterblicher, nicht als Gott.

So finden sich gerade in diesem Kapitel die schönsten Bilder, die je von sterblichen Frauen gemalt wurden!

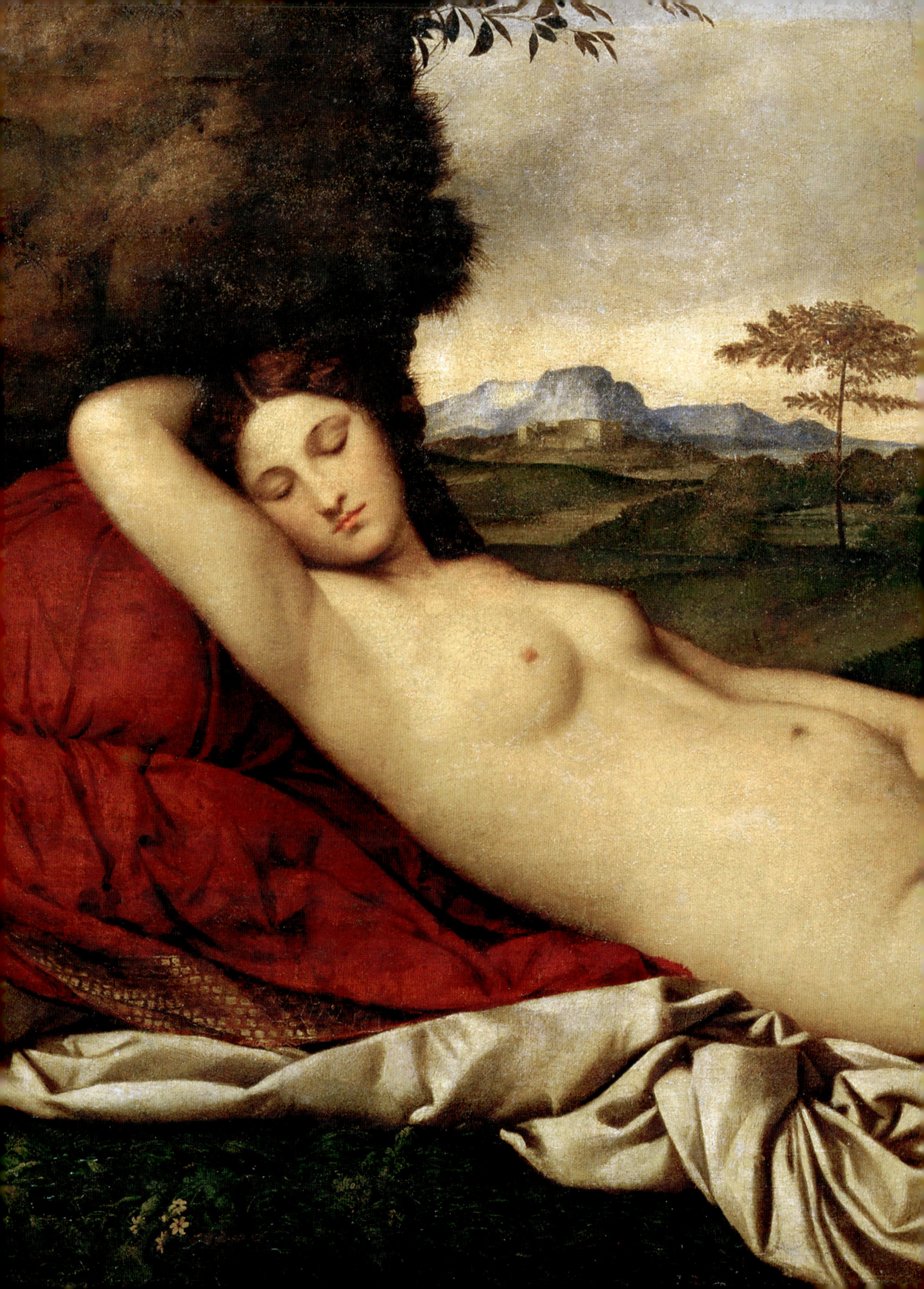

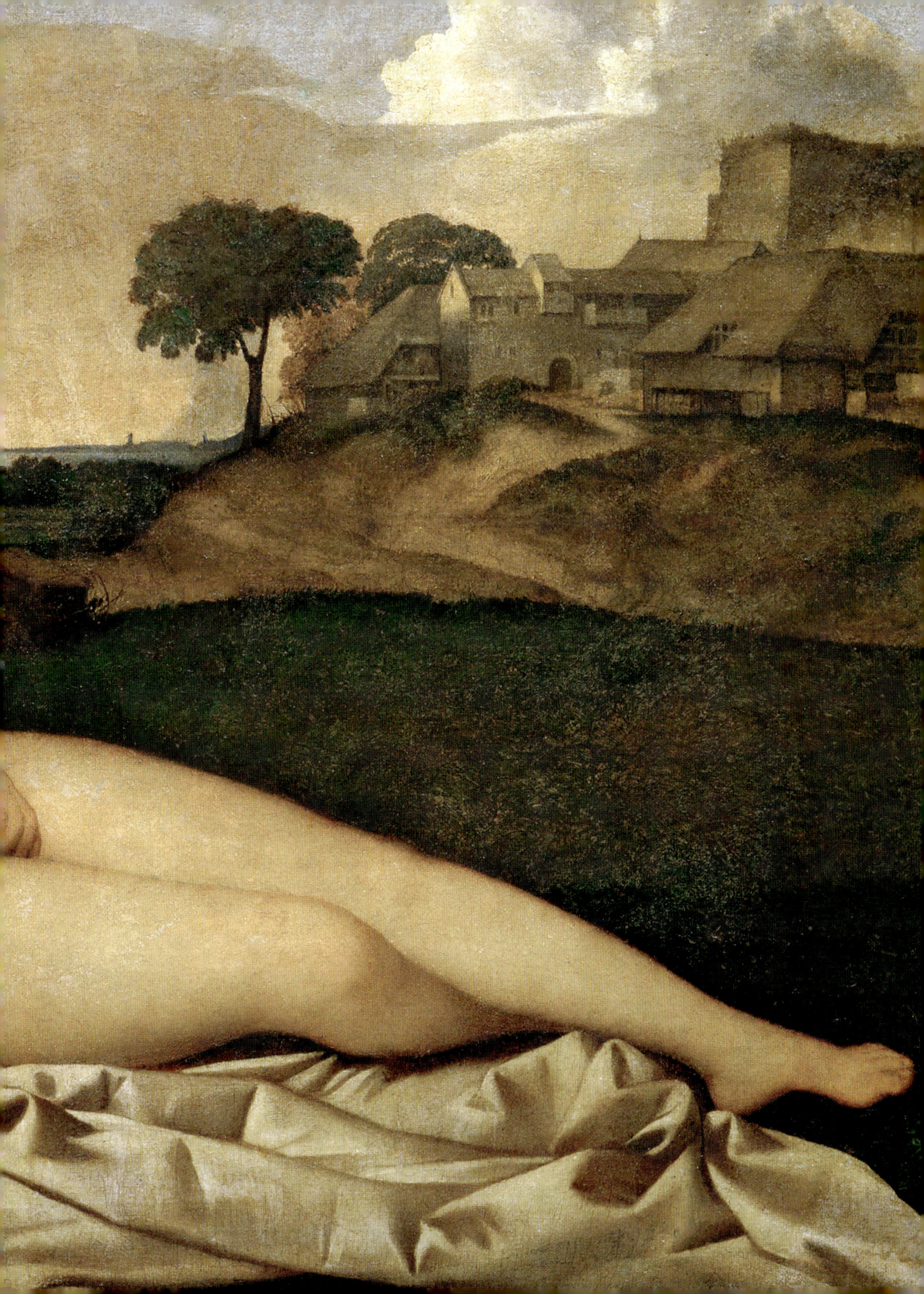

Bartolomeo Veneto, tätig 1502–1546
Idealbildnis einer Kurtisane als Flora, um 1520/25, Frankfurt am Main, Städel Museum

FLORA

Über Bartolomeo Veneto ist verhältnismäßig wenig bekannt – nicht einmal sein Name ist vollständig überliefert. Da sein Œuvre um ein 1502 datiertes Gemälde einer Madonna mit Kind gruppiert wird, dürfte er um 1480 geboren sein.

Das Bildnis einer Kurtisane als Flora zeigt eine junge, schöne und hellhäutige Frau, die kokett aus den Augenwinkeln auf den Betrachter schaut. Sie ist nicht in zeitgenössische Gewandung gekleidet, sondern ist in ein weißes Tuch gehüllt, das eng um sie geschlungen ist: Damit wird Bezug auf antike Kleidung genommen. In dieser Weise sind auch das Kopftuch beziehungsweise der Schleier und ein zweites, dunkleres Tuch als Überwurf zu deuten.

Der Kopf wird von einem Kranz aus feinen, mit Blättern besetzten Zweigen umwunden. In ihrer rechten Hand hält sie mit gespitzten Fingern ein kleines Sträußlein von Blumen, wobei ein Gänseblümchen besonders hervorsticht. Insgesamt handelt es sich um ganz gewöhnliche Feld- und Wiesenblumen, die sie wahrscheinlich kurz zuvor gepflückt hat.

Die junge Frau des Bildes stellt offensichtlich die römische Vegetationsgöttin Flora dar. Bilder der Flora sind oft schwer zu deuten, da es üblich war, Mätressen und Kurtisanen als Flora abzubilden. Häufig handelt es sich aber um Rollenporträts, Frauen wurden »als Flora« gemalt.

Aus der Antike ist der Typ der sogenannten *Flora Farnese* überliefert, eine stattliche Frauenfigur, die in ihrer linken Hand einen kleinen Blumenstrauß hält, während die rechte das Gewand rafft. Es ist ihr von der rechten Schulter geglitten, die deutlich entblößt zu sehen ist, die Brust aber bleibt bedeckt.

Vielleicht kannte der Maler Bartolomeo diesen Typus aus einer sehr frühen Stichreproduktion, die Seitenverkehrung würde so erklärt. Bezeichnend ist aber, dass die Brust der gemalten Flora unverhüllt ist, was in der Antike nicht üblich war. Solche Sexualisierungen mögen im Interesse der Zeit gelegen haben oder sind Erbe des Mittelalters, in dem sämtliche Gottheiten vollkommen entblößt wurden, um ihren gefährlichen und verdorbenen Charakter offensichtlich zu machen.

VENUS

In einer riesigen Muschelhälfte steht die unbekleidete Venus, die Göttin der Liebe. Versonnen schauend, bedeckt sie mit ihrer Rechten die Brust, und mit der Linken lenkt sie geschickt das üppige, sehr lange und blonde Haar über ihre Scham.

Es besteht kein Zweifel: Venus, so wie Botticelli, einer der wichtigsten Maler der italienischen frühen Renaissance, sie hier darstellt, ist eine schamhafte Venus – eine *Venus pudica*. Sie ist kein Frauentyp, wie man ihm auf den Plätzen von Florenz oder Rom hätte begegnen können, denn Botticelli stellt eine idealtypische Frau dar. Steht der Maler dabei noch in der Tradition der mittelalterlichen Kunst, oder strebt er nach einem neuen, idealen Frauenbild? Wie auch immer: Er orientiert sich an spätantiken Skulpturen der *Venus pudica*, die ihre Vorbilder in der griechischen Antike haben. Vielleicht kannte Botticelli solche Darstellungen aus der Sammlung der Medici, seiner fürstlichen Gönner und Auftraggeber in Florenz. Die heute in den Uffizien aufbewahrte sogenannte *Venus Medici*, eine Marmorstatue aus dem 3. Jahrhundert v. Chr., lässt sich aber erst sehr viel später nachweisen (gefunden wurde sie 1680).

Botticelli greift auf antike Kunstwerke zurück, um einen antiken Mythos darzustellen. Aphrodite, die griechische Entsprechung der römischen Venus, wurde aus dem Schaum geboren, der sich bildete, als die abgeschlagenen Genitalien des Uranos ins Meer fielen. Das Meer, gleichsam befruchtet, gebar Aphrodite. Aber es ist nicht der Moment der Geburt oder gar der Kastration, der Botticelli interessiert. Er entscheidet sich für das Undramatische, zeigt das, was sich längst beruhigt hat. Venus, die Versonnene, wird vom Wind an Land getragen, und eine junge Frau – eine der Grazien? – bringt ein kostbares Tuch herbei, in das sie Venus einhüllen wird.

Das Thema ist kompliziert, und die Deutungen sind weit gestreut, denn Botticelli bildet nicht nur antiken Mythos ab, sondern ließ sich zudem wohl von zeitgenössischen, humanistischen Dichtern wie Angelo Poliziano (1454 – 1494) inspirieren und schuf somit ein neues Bild für einen alten Mythos.

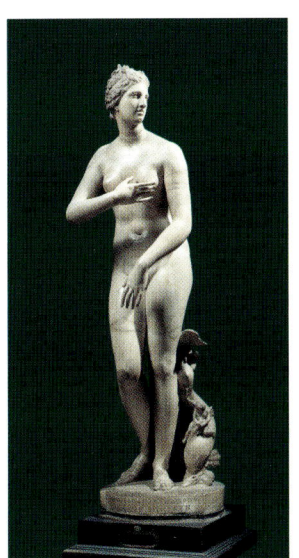

oben:
Sandro Botticelli, 1445–1510
Die Geburt der Venus, um 1485, Florenz, Uffizien
unten:
Praxiteles
Venus im Typus der »Venus pudica«, der schamhaften Venus, 3. Jh. v. Chr., Florenz, Uffizien

SIMONETTA VESPUCCI

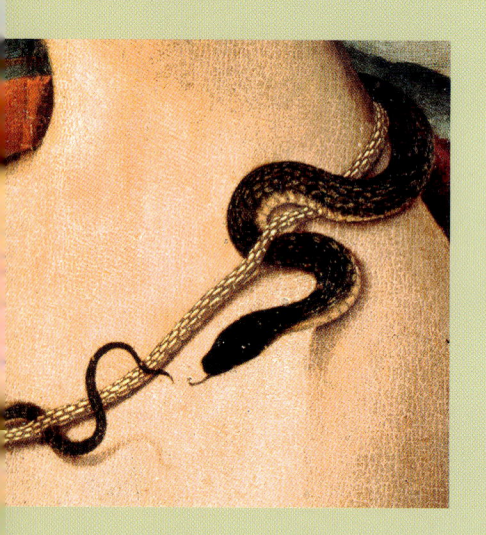

Als Piero di Cosimo das Bildnis einer jungen Frau malte, das heute – nicht unumstritten – als Simonetta Vespucci (1453–1476) identifiziert wird, war Simonetta schon einige Jahre tot, denn sie starb mit nur dreiundzwanzig Jahren an der Schwindsucht.

Simonetta Vespucci wurde von Giuliano de' Medici (1453–1478), einem Bruder des berühmten Lorenzo il Magnifico (1449–1492), ganz besonders verehrt – vielleicht war sie sogar seine Geliebte. Das aber bleibt bislang im Dunkel der Geschichte verborgen, denn immerhin war sie verheiratet und aus adligem Hause; beides wäre bei einer derartigen Liebschaft im 15. Jahrhundert noch ungewöhnlich gewesen. Wie auch immer: Die Zeitgenossen waren von ihrer bezaubernden Schönheit fasziniert, und der Florentiner Dichter Angelo Poliziano (1454–1494) widmete »La bella Simonetta« sogar ein Gedicht, in dem es heißt: »Und tausend Liebesgeister feuerhelle ließ sie dem süßen Augenpaar entströmen.« (Übersetzung Will Durant)

Der Maler stellt Simonetta Vespucci im strengen Profil dar, wie es auch Piero del Pollaiuolo (1441/43–1496) bei seinem »Profilbildnis einer Frau« (siehe Seite 118) aus den 1490er Jahren tut. Beide Künstler sind wohl durch Medaillenkunst dazu angeregt worden. Profildarstellungen sind zudem bei Porträts Verstorbener üblich. Piero da Cosimo fügt seinem Bild einen Landschaftshintergrund bei. Rechts ist ein verdorrter Baum zu sehen, der als Hinweis auf den frühen Tod Simonettas gedeutet werden kann.

Piero di Cosimos Gemälde sind oft nur schwer zu deuten, da viele Bilddetails symbolhaft verwendet werden. So ist auch die Schlange, die die junge Frau um den Hals trägt, rätselhaft. Oft ist sie als Attribut der ägyptischen Pharaonin Kleopatra gedeutet worden, die sich durch einen Schlangenbiss tötete, was aus Simonetta eine Kleopatra machte. Daneben könnte es der *Uroboros* sein, eine Schlange, die sich selbst in den Schwanz beißt und Symbol für die Ewigkeit ist. Simonettas entblößte Brüste müssen nicht unbedingt auf Verruchtheit und sexuelle Freizügigkeit verweisen, auch Tugend und Reinheit können mit entblößter Brust dargestellt werden.

Piero di Cosimo, 1461/62–1521
Simonetta Vespucci, um 1480/85, Chantilly, Musée Condé

JUNGE FLORENTINERIN

Botticellis »Profilbildnis einer jungen Frau« ist sicher eines der schönsten Porträts der italienischen Renaissance, das früher ebenfalls mit Simonetta Vespucci in Verbindung gebracht wurde (siehe Seite 102). Dies hängt auch damit zusammen, dass in der älteren Forschung – viel stärker als heute – versucht wurde, jeden und jede Porträtierte auf einem Bild zu identifizieren. Das ist ein schwieriges Unterfangen, weil selbst bei gesicherten Porträts die Ähnlichkeit untereinander oft nicht sehr groß ist.

Botticelli stellt eine schöne, junge und (rot-)blonde Frau dar. Das Haar ist akkurat zu einer kunstvollen Zopffrisur zusammengefasst, bunte Bänder sind eingeflochten. Ein paar größere Perlen setzen am Scheitel einen effektvollen Akzent. Es ist kein Geheimnis, dass Italienerinnen häufiger schwarze als blonde Haare haben, was auch schon im 15. Jahrhundert so war. Botticelli und seine Malerkollegen dokumentieren, dass es im 15. Jahrhundert in Italien unter den Frauen der Oberschicht Brauch war, sich die Haare zu färben. Die rabiaten Färbemethoden führten manches Mal zu Haarausfall am Haaransatz, so wurde eine Not zur Tugend gemacht, und man begann, den Haaransatz zu rasieren. Selbst bei Darstellungen der Muttergottes lässt sich dies beobachten, eine Mode, die auch nördlich der Alpen zu finden ist. Botticelli greift einen blonden Frauentypus auf, der sich auch auf anderen seiner Bilder, etwa der »Geburt der Venus« (siehe Seite 100) finden lässt.

Ähnlich wie Piero del Pollaiuolo (1441/43–1496) (siehe Seite 118) und Piero di Cosimo (1453–1476) (siehe Seite 102) stellt Botticelli seine Schöne im Profil dar, auch wenn es nicht ganz so streng erscheint; bei genauem Hinsehen ist das Lid des rechten Auges im Ansatz noch erkennbar. Dieser kleine Kunstgriff macht das Porträt viel lebendiger.

Botticelli war ein vielseitiger Maler, der als Tafelmaler, aber auch als Freskomaler aktiv war. Die Zahl seiner religiösen Werke übersteigt um ein Vielfaches seine Porträts und mythologischen Bilder, dennoch sind es die Letzteren, mit denen er sich in das kollektive Bildgedächtnis eingeschrieben hat.

Sandro Botticelli, 1445–1510
Profilbildnis einer jungen Frau, um 1480, Berlin, Gemäldegalerie

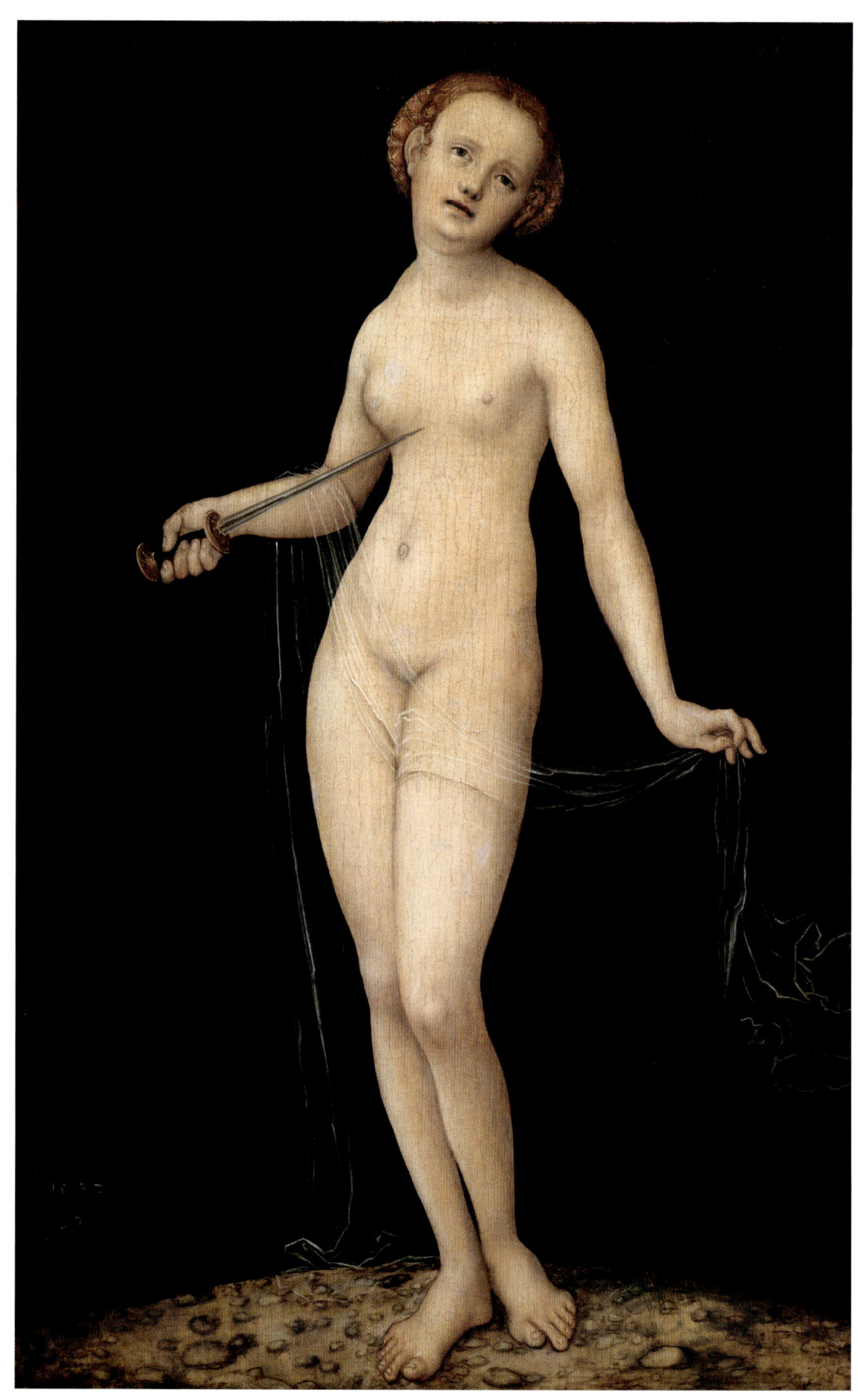

Lucas Cranach d. Ä., 1472–1553
Lucretia, 1532, Wien, Akademie der Bildenden Künste

LUCRETIA

Eine entblößte Frau steht vor einem schwarzen Hintergrund, schaut verzweifelt zum Himmel auf und richtet einen langen Dolch gegen sich selbst. Fast scheint es, als stehe sie mitten in der Nacht in einer Mondlandschaft.

Was Lucas Cranach, der erfolgreichste deutsche Maler zu Beginn des 16. Jahrhunderts, hier zeigt, spielt sich eigentlich in einem römischen Stadtpalast des 6. Jahrhunderts vor Christus und in Gegenwart mehrerer Personen ab. Lucretia hatte, da sie eine sehr tugendhafte und treue Ehefrau war, die Aufmerksamkeit und Lust des moralisch verkommenen Tarquinius Sextus, Sohn des römischen Königs Tarquinius Superbus, erregt. Dieser vergewaltigt die ehrbare Frau, die am nächsten Morgen Ehemann und Schwiegervater berichtet, welches Unrecht ihr geschehen ist. Plötzlich zückt Lucretia einen Dolch und ersticht sich vor den Augen ihrer Verwandten aus Scham. Ihr Ehemann, Lucius Tarquinius Collatinus, beginnt einen Aufstand, der mit der Verbannung des Königs endet und Rom zur Republik werden lässt.

Die Geschichte der Lucretia, die unter anderem durch die beiden römischen Autoren Titus Livius und Ovid überliefert wird, handelt also von Tugendhaftigkeit und Unmoral sowie der Entstehung der römischen Republik. Letzteres dürfte für Cranach kaum eine Rolle gespielt haben, als er sich für das Thema entschied. Sein Interesse galt dem erotischen Aspekt der traurigen Geschichte – der Nacktheit der Lucretia. An dieser Nacktheit kann auch der zarte Schleier, der ihre Scham umgibt, kaum etwas ändern, denn letztlich betont er das Nacktsein sogar noch.

Ganz ähnlich der »Judith« des Hans Baldung Grien (siehe Seite 110), sexualisiert auch Cranach eine tugendhafte Frau. Cranach schuf etliche Gemälde des Typus der entblößten Frau vor neutralem Hintergrund: Judith, Venus, Lucretia, Justitia. Solche Bilder müssen sehr beliebt gewesen sein, denn sie alle gibt es in zahllosen Wiederholungen und unterschiedlichen Formaten aus Cranachs Werkstatt.

Paolo Veronese, 1528–1588
Lucretia, um 1580/83, Wien, Kunsthistorisches Museum

LUCRETIA

Fast lebensgroß stellt Paolo Veronese den Selbstmord der Lucretia dar, doch im Gegensatz zu Cranachs Lucretia (siehe Seite 106) umhüllt und verhüllt der Italiener sie weitgehend. Nur an den Schultern und Unterarmen ist die rosig-helle Haut der jungen Frau zu sehen.

Lucretia ist bei Veronese zu einer vornehmen Renaissancefrau geworden, die eine wohlgeordnete Zopffrisur trägt, in die kostbare Perlen und Edelsteine modisch eingeflochten sind. Auch an ihren Armen und Händen sieht man aufwendige Geschmeide, und selbst der Dolch, den sie gegen sich richtet, ist kostbar gearbeitet. Lucretia schaut nach links zu Boden, als könne sie es nicht ertragen, das vorsichtige Einstechen in die eigene Brust zu sehen. Schon tritt, doch in Maßen, Blut hervor. Es ist gleichsam ein moderater, zurückhaltender Selbstmord, den Veronese hier ins Bild setzt.

Der Maler verzichtet auf effektvolle Emotion und Affekte. Der Selbstmord wird zu einer ruhigen, besonnenen Tat einer verzweifelten, einer beschämten Frau. Aber genau darin liegt auch ein gewisser Widerspruch zu den literarischen Vorlagen: Dort nämlich zieht Lucretia ganz plötzlich und unvermittelt den Dolch aus dem Gewand hervor und ersticht sich so schnell und beherzt, dass selbst ihr Ehemann, mit dem sie gerade noch gesprochen hat, die Tat nicht verhindern kann.

Veronese gehört neben Giorgione, Tizian und Tintoretto zu den ganz großen venezianischen Malern der Renaissance. Mythologische Bilder gehören neben Szenen aus der Bibel oder Porträts zu seinem Werk, und immer besticht er durch eine delikate Darstellung der weiblichen Haut und durch brillantes Wiedergeben wertvoller Stoffe. Solch ein kostbarer Stoff wölbt sich auch von rechts her ins Bild und hinterfängt Lucretia. Damit begrenzt Veronese den Ort des Geschehens, schafft einen quasi intimen Raum für die ungeheure Tat. Er tut dies, obgleich gerade er ein Meister illusionistischer Raumwiedergaben gewesen ist. Wie kaum ein Zweiter war er in der Lage, fantastische, in die Tiefe ziehende Architekturkulissen zu malen, wie etwa die bei der Hochzeit zu Kanaa im Louvre.

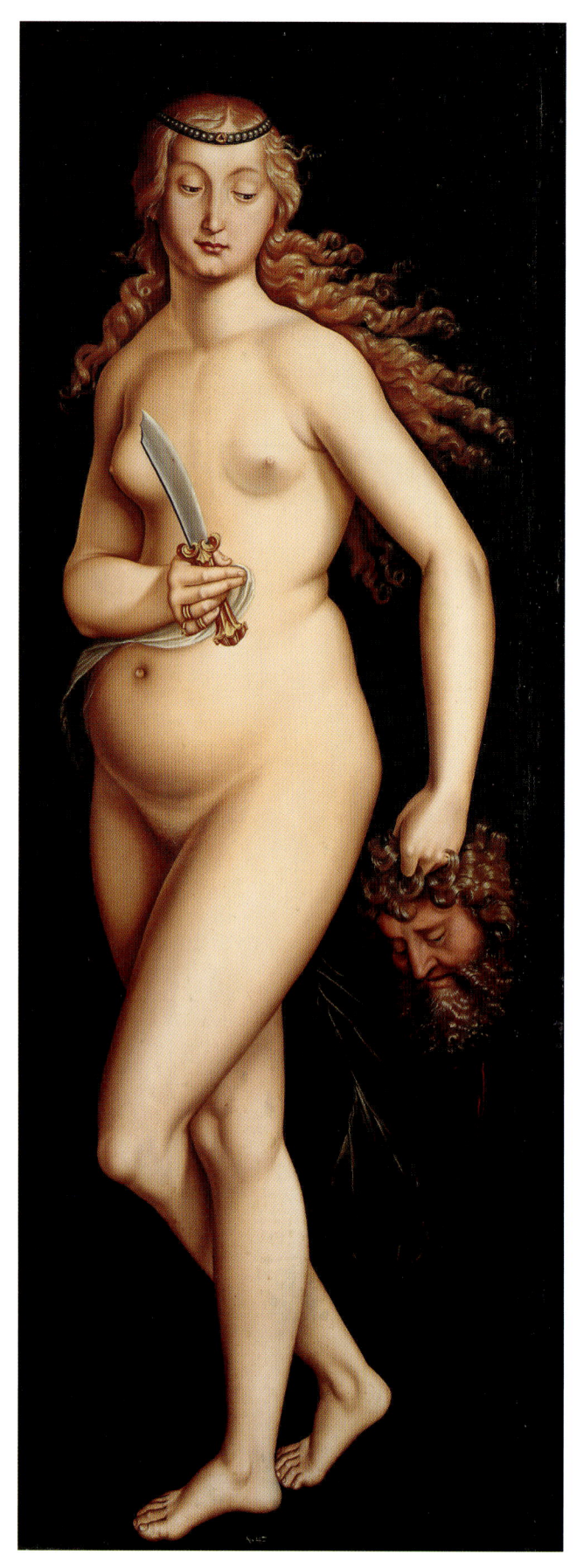

Hans Baldung gen. Grien, 1484/85–1545
Judith, 1525, Nürnberg, Germanisches Nationalmuseum

JUDITH

Betulia, die Heimatstadt der frommen, klugen und schönen Witwe Judith, wird vom assyrischen Feldherrn Holofernes belagert. Die Lage ist aussichtslos. Da entschließt sich Judith, mit ihrer Dienerin – sie geben vor, Überläuferinnen zu sein – in das Heerlager des Holofernes zu gehen, um Betulia zu retten. Holofernes verbringt, von Judith fasziniert, schließlich einen Abend mit ihr und erhofft mehr ...

Holofernes trinkt zu viel und sinkt am Ende trunken zu Boden. Diesen Augenblick nutzt Judith und schlägt ihm mit seinem eigenen Schwert den Kopf ab. Die Frauen kehren heimlich nach Betulia zurück. Judith wird als Siegerin und Retterin gefeiert, zumal das Heer des Holofernes, nun kopflos, flieht. Judith dankt Gott für seine Hilfe und sein Erbarmen.

Sicher ist die alttestamentarische Geschichte der heldenhaften Judith auch eine Geschichte von *sex and crime*, aber sie ist vor allem Sinnbild dafür, dass Gott Gerechte nicht im Stich lässt. So wundert es den Betrachter sofort, warum Hans Baldung gen. Grien, einer der bedeutendsten Maler der deutschen Renaissance und tätig am Oberrhein, Judith so verführerisch darstellt. Ziemt sich das?

Und tatsächlich waren in der älteren Kunst Darstellungen der Judith züchtig. Mit dem Aufkommen der Renaissance aber werden auch Tugendheldinnen wie Judith, Esther oder Lucretia häufig sexualisiert. Es scheint sogar, als würde Judith zu einer Vorläuferin der männermordenden Femme fatale des 19. Jahrhunderts. Zudem hat sie auf Baldungs Tafel eine ungeheure Präsenz gegenüber dem Betrachter, da die Tafel 208 cm hoch ist und Judith selbst, nach modernen Maßstäben, überlebensgroß erscheint.

Baldung stellt Judith aber nicht ausschließlich erotisch dar. Judith ist auch die Triumphierende, die noch das kurze Schwert mit den Blutstropfen in der Hand hält und gleichzeitig das Haupt des Holofernes trägt und präsentiert. Bei aller offenen Nacktheit zeigt Baldungs Judith auffällig verschränkte Beine, ein Zeichen für Keuschheit und Unschuld. So bleibt Judith doch die keusche Witwe aus Betulia – auch wenn sie keine Kleider trägt.

VENUS

Franz I. (1494–1547), König von Frankreich, ein großer Verehrer der italienischen Renaissancekunst, lud zahlreiche Künstler ein, nach Frankreich zu kommen. Während der alte Leonardo da Vinci (1452–1519) der Einladung folgte, blieb Michelangelo lieber in Italien.

Seit 1528 ließ Franz I. ein älteres Jagdschloss durch einen Neubau ersetzen: Schloss Fontainebleau. Etwa 60 km südöstlich von Paris gelegen, gilt es als erstes Renaissanceschloss in Frankreich. Wieder lud der König Künstler ein, diesmal, um an der Ausgestaltung des Schlosses mitzuwirken. Vor allem Rosso Fiorentino (1494–1540) und Primaticcio (1504–1570) sind zu nennen. Sie kamen, ihre Kunst wirkte auf die französischen Künstler, und so entstand die *Schule von Fontainebleau*, in der italienische und französische Kunst eine ästhetisch-spannende Synthese eingingen. Viele Meisterwerke der *École de Fontainebleau* sind jedoch keinem konkreten Maler zuzuschreiben.

Die »Toilette der Venus« gehört zu diesen anonymen Schöpfungen des mittleren 16. Jahrhunderts: Venus hat auf dem Rand eines Beckens Platz genommen. Ein großer grüner Vorhang bildet eine effektvolle Folie für ihre helle, makellose Haut. Sie ist dabei, ihre Flechtfrisur zu richten beziehungsweise zu prüfen, und hält einen kostbar gefassten Spiegel in der Linken, während die Rechte einen hauchdünnen Schleier über das Haar legt. Amor, als etwas übergewichtiger Knabe dargestellt, bringt eilenden Schrittes seiner Mutter ein kleines, goldenes Salbgefäß. Eine große, golden geschmiedete Kanne, vermutlich das Gefäß für das Badewasser, ist zwischen Venus und Amor platziert. Die Komposition wird nach links durch eine kniende Dienerin der Venus – die interessanterweise auch nackt ist – abgeschlossen. Sie scheint sich am großen Tuch die Hände zu trocknen.

Das Thema der »Toilette der Venus« ist mythologisch kaum ableitbar, könnte aber im Zusammenhang mit Venus' Liebe zum sterblichen Adonis stehen, für den sie sich schmückt. Entscheidender aber ist, dass dem Betrachter zwei schöne Frauenkörper gezeigt werden und er sich am göttlichen Körper der Venus erfreuen kann.

Schule von Fontainebleau
Toilette der Venus, um 1550, Paris, Louvre

DIE SCHÖNE

Mit Recht trägt Palma Vecchios junge Frau, die heute in Madrid zu sehen ist, den Beinamen »La Bella« – »Die Schöne«. Früher galt die Schöne als ein Werk Tizians (1489/90–1576), was schon auf die besondere Qualität und Anmut des Bildes hinweist. Heute wird das Werk Palma Vecchio zugeschrieben, »dem Älteren«, weil sein Neffe als »*Palma il Giovane*«, »Palma der Jüngere«, in die Kunstgeschichte eingegangen ist.

Mit kaum zu glaubender Perfektion stellt der Venezianer Palma Vecchio, über dessen Vita wenig bekannt ist, das stoffreiche Gewand der schönen Frau dar. Die scharfen Knitterfalten lassen an eine Seide denken, die wie gestärkt wirkt. Fast so weiß wie das Hemd der jungen Frau ist ihre makellose Haut, die wohl nie einem Sonnenstrahl ausgesetzt war. Mit der Rechten berührt sie ihr volles, leicht welliges Haar, während sie mit der Linken in eine Schatulle mit Juwelen greift.

Will sie, um sich zu schmücken, gleich Geschmeide entnehmen? Oder ist sie dabei, die Schatulle fortzuräumen? Im Hintergrund, oben rechts, ist – sehr schwer erkennbar – ein Relief angebracht, auf dem ein Reiter einen nackten Mann niedertrampelt. Ist das Bild mehr als die Darstellung einer Schönen? Könnte es um die Vergänglichkeit menschlichen Lebens, um die Nichtigkeit irdischer Güter gehen? Sicher würden die Buchstaben links unten, bei denen es sich vermutlich um eine Abkürzung handelt, Auskunft geben über den Bildinhalt. Doch bisher ist es nicht gelungen, ihre Bedeutung zu entschlüsseln.

Schönheit, Haar und Juwelen: Nichts von alledem hat Bestand und zählt, wenn der Tod und das Jüngste Gericht kommen. Haare sind Zeichen von Vitalität, von Lebenskraft – und die junge Schöne strotzt geradezu davon. Aber auch der Reiter, der den Nackten niederringt, zeugt von Vergänglichkeit, von Nichtigkeit alles Irdischen. So könnte »La Bella« tatsächlich eine Allegorie auf die Vergänglichkeit sein – ihr Bild aber, das bleibt noch lange unverändert schön.

Palma Vecchio, um 1480–1528
Bildnis einer jungen Dame (La Bella), um 1518/20, Madrid, Museo Thyssen-Bornemisza

DANAE

Ein Orakel sagt König Akrisios von Argos voraus, dass er durch die Hand eines Sohnes seiner Tochter Danae sterben werde. So lässt Akrisios Danae kurzerhand in ein (unterirdisches) Verlies sperren, damit sich ihr kein Mann nähern könne. Jupiter hindern aber keine Mauern, und in der Gestalt eines goldenen Regens befruchtet er die jungfräuliche Prinzessin. Diese gebiert einen Sohn, Perseus, und wird zusammen mit ihm auf hoher See ausgesetzt. Nach glücklicher Errettung und vielen Abenteuern begegnet Perseus seinem Großvater und tötet ihn versehentlich beim Spiel mit einem Diskus. Der Grieche Apollodor berichtet diesen Mythos im 1. Jahrhundert nach Christus am ausführlichsten in seiner Mythensammlung »Bibliothek«.

Der niederländische Maler Jan Gossaert setzt seine Danae in eine seitlich geöffnete tempelartige Architektur, die mit schönen Renaissanceornamenten geschmückt ist. Die Jungfrau nicht in einem Verlies darzustellen geht auf mittelalterliche Buchillustrationen zurück. Dadurch wird die Geschichte wahrscheinlicher, was aber noch wichtiger ist: Danae wird näher an den Himmel gerückt. Die mittelalterliche Tradition vergleicht Danae mit der Jungfrau Maria. Beide sind Jungfrauen, die auf wunderbare Weise ihren Sohn empfangen. So verwundert es nicht, dass Gossaert seine Danae vergleichsweise keusch ins Bild setzt. Lediglich ihre rechte Brust ist entblößt, und ihr tiefblaues Gewand erinnert zudem an die Muttergottes.

Jan Gossaert gehört nördlich der Alpen zu den Malern, die schon im frühen 16. Jahrhundert mythologische Themen in der Tafelmalerei dargestellt haben: Meeresgötter, Danae oder Venus. Außerdem hatte der Künstler ein großes Interesse an Aktdarstellungen. Gossaert war lange Jahre Hofmaler des Philipp von Burgund, dem späteren Bischof von Utrecht. Mit ihm reiste er 1508 nach Italien, wo er viele zeitgenössische italienische Kunstwerke gesehen haben wird. Vielleicht ist auch sein Interesse an antiker Mythologie dadurch gesteigert worden.

Jan Gossaert, um 1478–1532
Danae, 1527, München, Alte Pinakothek

PROFILBILDNIS EINER FRAU

Auf den heutigen Betrachter wirkt das Bildnis einer Frau in tiefrotem Kleid vor türkisfarbenem Hintergrund ausgesprochen modern. Vermutlich liegt dies vor allem am recht locker um die Haare geschlungenen Tuch, das die Dame trägt. Zudem sind die Haarsträhnen, die über die Schläfen herabfallen, nicht wohlgeordnet, wie es sonst bei Renaissanceporträts üblich ist. Weniger »modern« wirkt hingegen die strenge Profilansicht, die auf den Einfluss römischer Münzbilder zurückzuführen ist. Das Sammeln von antiken Münzen war besonders im 15. und 16. Jahrhundert eine Passion, der dies- und jenseits der Alpen viele Kaufleute und Humanisten verfallen waren. Medailleure und Maler der Renaissance griffen die Profilansicht auf, da ihre Werke so eine antike Anmutung erhielten, die vom Publikum geschätzt wurde. Allerdings muss ebenfalls gesehen werden, dass die Profilansicht auch mittelalterlicher Tradition entspricht, da Frontalansichten weitgehend Christusbildern vorbehalten waren.

In der Familie von Antonio und Piero del Pollaiuolo muss es Hühner- und Geflügelhändler gegeben haben, denn nichts anderes heißt »Pollai(u)olo«, was ursprünglich wohl ein Spottname war. Unter diesem Namen sind die Brüder in die Kunstgeschichte der italienischen Frührenaissance eingegangen. Bis heute bereitet es erhebliche Schwierigkeiten, Werke dem einen oder dem anderen der Brüder zuzuweisen. War Antonio (1431/32–1498) Maler, Goldschmied, Bronzegießer und Kupferstecher, der auch Stickereien entwarf, so wandte sich sein jüngerer Bruder Piero (1441/43–1496) fast ausschließlich der Malerei zu. Beide unterhielten seit 1470 getrennte Werkstätten in Florenz, dennoch wird angenommen, dass Antonio oftmals Entwürfe lieferte, die Piero ausführte.

In Florenz führten beide Aufträge für prominente Besteller wie König Alfons von Portugal oder die Medici aus. Auch die heute unbekannte junge Frau mit der schönen hellen Haut, die einen so effektvollen Kontrast zum dunklen Kleid bildet, dürfte zur Florentiner Oberschicht der 1490er Jahre gehört haben.

Piero del Pollaiuolo, 1441/43–1496
Profilbildnis einer Frau, 1490er, Boston, Isabella Stewart Gardner Museum

JUNGE FRAU MIT ZITRONENBLÜTE

Domenico Ghirlandaios Name ist vor allem mit seinen berühmten Fresken in der Tornabuoni-Kapelle in Santa Maria Novella in Florenz verbunden, die in nur vier Jahren zwischen 1486 und 1490 entstanden. Neben diesen und vielen anderen Fresken in Florenz schuf Ghirlandaio aber auch eine Reihe von Tafelbildern.

Der Überlieferung nach, die aber wohl anzuzweifeln ist, war Ghirlandaio der Lehrer Michelangelos. Ghirlandaio selbst erhielt seine künstlerische Grundausbildung beim Vater, einem Goldschmied. Zum Goldschmiedehandwerk gehört es bis heute, gut zeichnen zu können. Entwurfszeichnungen sind für Goldschmiede selbst und als Anschauungsmaterial für Auftraggeber unerlässlich.

Wieder ist es eine heute Unbekannte, die Ghirlandaio in die freie Landschaft setzt. Ein Weg – perspektivisch geschickt gewählt – führt das Auge des Betrachters in die Bildtiefe zu einem See und einer Stadt. Porträtierte in freier Landschaft abzubilden ist eine der vielen Neuerungen, die während der Renaissance entwickelt werden. Dies ist auch damit erklärbar, dass nun die meisten Porträts unabhängig von religiösen Zusammenhängen entstehen. Die Landschaften wirken aber durchweg »ordentlich und aufgeräumt«, denn es sind von Menschen beherrschte und gestaltete Landschaften – keine unberührte oder gar wilde Natur.

Affektlos und unbeteiligt wirkt die junge Frau, die Ghirlandaio darstellt. Sie lacht nicht, sie weint nicht – sie schaut einfach nur. Und obgleich sie etwas aus den Augenwinkeln zu sehen scheint, ist das Ziel ihres Interesses nicht Grund zur Freude oder Furcht.

In der Rechten hält die Schöne einen kleinen Zweig mit weißer Blüte, der von einer Zitrusfrucht stammt. Das Weiß der Blüte könnte – in Analogie zu Darstellungen der Muttergottes – als ein Hinweis auf ihre Jungfräulichkeit und Reinheit gedeutet werden. Die *Malus medica*, eine Zitronenart, wurde zudem von den Medici als Emblem verwendet. Vielleicht handelt es sich daher bei der Dargestellten um eine Frau aus dem Hause Medici oder um eine Braut für einen Medici.

Domenico Ghirlandaio, 1449–1494
Porträt einer Frau, um 1490, Williamstown, Sterling & Francine Clark Art Institute

Michelangelo, 1475–1564
Die Delphische Sibylle, um 1509, Vatikan, Sixtinische Kapelle

SIBYLLE

Julius II. (1443–1513, Pontifikat 1503–1513) ist es, der 1505 Michelangelo nach Rom einlädt. Doch schon 1506 zerstreiten sich Papst und Künstler, was zu Beginn des 16. Jahrhunderts eine Ungeheuerlichkeit darstellt. Ein Künstler, der verärgert den Papst sitzenlässt, und ein Papst, der Ausgleich mit einem Untergebenen sucht. Michelangelo zeigt ein Selbstbewusstsein und Selbstverständnis als Künstler, wie es dies zuvor nicht gegeben hat.

Nach der Aussöhnung erteilte Julius II. Michelangelo den Auftrag, die Decke der Sixtinischen Kapelle, benannt nach ihrem Bauherrn Papst Sixtus IV. (1414–1484, Pontifikat 1471–1484), auszumalen. Die Arbeiten begannen 1508 und endeten 1512 kurz vor Julius' Tod.

An den Seiten flankieren sieben Propheten, doch nur fünf Sibyllen die Fresken, die unmittelbar unterhalb der Decke angemalt wurden. Propheten und Sibyllen sind Personen, die das Kommen Jesu Christi prophezeit haben: Propheten innerhalb der jüdischen Kultur, Sibyllen als Heidinnen, eine Gegenüberstellung von Männern und Frauen mit seherischen Fähigkeiten.

Abgebildet ist die Delphische Sibylle, die mit dem Kultort des Apollon, Delphi, in Verbindung steht, aber nicht mit dem dortigen Orakel zu verwechseln ist. Ein Orakel muss befragt werden und antwortet in Rätseln, die Sibylle aber sagt aus eigenem Antrieb und unverstellt Wahrheiten.

Michelangelos Sibyllen sind imponierende Frauengestalten mit oft erstaunlicher Muskelbildung, darunter ist die Delphische Sibylle eine der fragileren Gestalten. Hell wird ihre rechte Gesichtshälfte beleuchtet, während sie – fast wirkt ihr Blick wehmütig – in die andere Richtung schaut. Mit der linken Hand hält sie ein sich rollendes Papier fest, auf dem vermutlich Prophezeiungen aufgeschrieben sind. Umgeben ist Sibylla, wie alle Sibyllen und Propheten, von einer grandiosen Scheinarchitektur.

Michelangelo, Raffael, Bramante – Julius II. versammelte als Renaissancepapst die künstlerische Elite seiner Zeit um sich. Das macht ihn, der ein Konzil einberief, den Neubau des Petersdomes beginnen ließ und die Schweizer Garde gründete, genauso wie die Künstler in seinem Umkreis unsterblich.

Giorgione, 1477/78–1510, und **Tizian**, 1487/90–1576
Ruhende Venus, um 1508/10 (nach Giorgiones Tod von Tizian vollendet), Dresden, Gemäldegalerie Alte Meister

VENUS

Giorgiones »Ruhende Venus« ist wohl eine der einflussreichsten Bildschöpfungen der Kunstgeschichte. Zahllose liegende Frauenakte gehen bis auf den heutigen Tag auf dieses Bild direkt oder indirekt zurück.

Auf einem weißen Tuch liegend, ihr rotes Kleid als Kopfkissen nutzend, liegt Venus im Freien. Mit der Linken ihre Scham bedeckend, wendet sie dem Betrachter ihren Kopf zu. Sie schläft, was sie von den meisten anderen Venusdarstellungen unterscheidet und das Schlafmotiv zur allergrößten Bedeutung macht. Zwar kann Venus' Körper den Betrachter locken und reizen, doch sie selbst kann es nicht, da sie schläft. Der Betrachter wird zum Voyeur, die Verantwortung verlagert sich weg von Venus, hin zum Betrachter. Die moralische Verantwortung liegt nun beim Schauenden: weitergucken oder wegsehen? Er ist es, der die Wehrlosigkeit der entblößten Frau ausnutzt – oder nicht. Die Autonomie des Betrachters, seine freie Entscheidung scheint hier eine besondere Rolle zu spielen.

Giorgione hinterließ das Bild unvollendet, und Tizian scheint es gewesen zu sein, der zu Füßen der Venus einen Putto (Amor?) malte und die Landschaft des Hintergrundes ergänzte. Im 19. Jahrhundert wurde der Amor übermalt und bleibt bis heute verborgen.

Bilder wie Giorgiones Venus stehen im Zusammenhang mit Hochzeitsgedichten (*Epithalamia*), deren Tradition bis in die Antike zurückreicht. Venus wird sich erheben und als Brautfrau die Braut mit allem Notwendigen versorgen und ihr bei der eigentlichen Hochzeit beistehen. Insofern ist Venus Anwältin und Schützerin der Frauen. Es stellt sich die Frage, ob mit den Venusbildern von Giorgione und auch von Tizian nicht einer neuen Frauenrolle in der italienischen Renaissance Rechnung getragen wird. Dennoch darf nicht vergessen werden, dass die Auftraggeber in aller Regel Männer gewesen sein dürften, dass Aktdarstellungen untrennbar mit männlich-voyeuristischem Blick verbunden sind. Die Forschungen der nächsten Jahrzehnte werden erweisen, ob die Venusdarstellungen bislang zu einseitig voyeuristisch interpretiert worden sind.

Tizian, um 1487/90–1576
Ruhende Venus (Venus von Urbino), um 1538, Florenz, Uffizien

VENUS

Tizian hat Giorgiones Venus vollendet (siehe Seite 124), und er selbst greift dessen Bildkomposition in seiner »Venus von Urbino« wieder auf. Sie ist nach ihrem Auftraggeber Guidobaldo II. della Rovere, Herzog von Urbino (1517–1574), der seinem Vater 1538 in Mantua auf den Thron folgte, benannt.

Auf einer Lagerstatt, die deutliche Spuren von Benutzung zeigt, liegt ausgestreckt eine entblößte Frau. Ihre Frisur ist derangiert, lose fällt ihr Haar über den rechten Oberarm. In der Hand hält sie ein paar kurzstielige Rosen, am unteren Ende der Lagerstatt schläft ein Hündchen. Im Hintergrund sind zwei Frauen damit beschäftigt, Kleidung aus einer Truhe zu nehmen oder sie in die Truhe einzuräumen. Die Truhen könnten Brauttruhen (*cassoni*) sein, in denen Teile der Aussteuer aufbewahrt wurden.

Das Bild zu deuten ist mit erheblichen Schwierigkeiten verbunden, da zeitgenössisch solche Bilder in der Regel nur als »nackte Frau« bezeichnet wurden. So sind die durchweg späteren Bildtitel Interpretationen, die vielleicht das Sehen und das Deuten der Bilder in falsche Richtungen lenken. Verschiedentlich wurde angenommen, dass es sich bei der Dargestellten um eine Mätresse handeln könnte. Die Figur der Venus würde gleichsam zur Camouflage der Geliebten, die auf diese Weise immer in der Nähe des adligen Auftraggebers sein könnte. Dazu passt aber nicht recht die Abbildung der Hochzeitstruhen. Schließlich – und ganz gegensätzlich – wurde Tizians Venus auch als Allegorie der ehelichen Treue und Liebe gedeutet.

Damit würde der Hund eine zentrale Rolle spielen. Sicher ist, dass es sich um ein Luxusgeschöpf handelt, denn Hunde solcher Art dienen ausschließlich der Belustigung ihrer Eigentümer. Zum Viehhüten oder als Furcht einflößender Wachhund ist er kaum geeignet. Der Hund schläft offensichtlich. Wenn der Hund Symbol und Garant ehelicher Treue ist, dann stellt sich die Frage, ob er dieses Amt auch schlafend erfüllen kann. Kann und darf der Hund schlafen, weil sie treu ist? Oder versieht er sein Amt schlecht und öffnet so der Untreue Tür und Tor? Ist die Treue nicht wachsam? Also doch das Bild einer Mätresse? Weitere Forschung ist vonnöten!

Maerten van Heemskerck, 1498–1574
Venus und Amor, 1545, Köln, Wallraf-Richartz-Museum & Foundation Corboud

VENUS

Für den heutigen Betrachter ist es eine recht muskulöse Venus, die Maerten van Heemskerck in den dunklen Höhleneingang legt. Sie wirkt, als trainierte sie täglich in einem Fitnessstudio, das Auge des zeitgenössischen Betrachters, das an die Darstellung muskulöser Frauen in der Kunst gewöhnt war, sah in ihr vermutlich eine sehr verführerische Frau, obgleich sich auch Renaissancefrauen kaum derartige Muskeln antrainiert haben dürften.

Frauen so maskulin-muskulös abzubilden ist nicht nur ein Phänomen der nordischen Renaissance, auch in Italien begegnet es uns. Man denke nur an die Sibyllen Michelangelos in der Sixtinischen Kapelle in Rom (siehe Seite 122).

Den Typ der liegenden Venus übernimmt van Heemskerck aus der italienischen Malerei. Fraglich muss dabei bleiben, ob er Giorgiones oder Tizians (siehe Seite 124 und 126) Venus während seines Aufenthaltes in Italien im Original hat sehen können.

Im Bild nimmt der Maler Bezug auf die Liebschaft von Mars und Venus, denn im Mittelgrund des Bildes ist eine zweite Szene dargestellt: Vulcanus und ein Zyklop tragen ein Netz. Mit diesem wird der eifersüchtige Schmied und Ehemann seine Frau, Venus, und ihren Liebhaber im Liebesbett gefangen nehmen. Der Amorknabe ist hier nicht nur Liebesgott, sondern auch Zeichen männlicher Fruchtbarkeit und Verweis auf den Mythos. Er hält Pfeile in der Hand, mit denen er im Getroffenen Liebe entfachen kann. Venus aber will ihm den Bogen nehmen, als wolle sie das nächste Treffen mit Mars dadurch verhindern.

Venus lockt den Betrachter durch die Nacktheit ihres Körpers. Und doch wird im Bild vor Nacktheit, Wollust und ihren Folgen gewarnt. Links unten befindet sich ein Täfelchen mit einer Inschrift, die kaum noch lesbar ist. Dort steht: »Die Mutter tadelte Amor mit folgenden Worten / es rasten (jetzt) der Bogen und deine frechen Pfeile / da du manchmal verspottetest / diesen (meinen) Leib und Jupiter mit deinem Pfeil / du versündigst dich, weil du den frevelhaften (Pfeil) so oft abschießt / ...« (Übersetzung und Rekonstruktion von R. Grosshans)

LITERATUR

Das Literaturverzeichnis beinhaltet einführende Gesamtdarstellungen zur Renaissance vor allem in der bildenden Kunst sowie Abhandlungen über einzelne Aspekte, die für das Buch von Bedeutung sind. Monografische Literatur zu den besprochenen Künstlern sowie Lexika wurden hingegen nicht aufgenommen.

Arasse, Daniel; Tönnesmann, Andreas:
    Der europäische Manierismus 1520–1610. München 1997

Baxandall, Michael:
    Die Wirklichkeit der Bilder: Malerei und Erfahrung im Italien des 15. Jahrhunderts. Frankfurt am Main 1984

Belting, Hans; Kruse, Christiane:
    Die Erfindung des Gemäldes. Das erste Jahrhundert der niederländischen Malerei. München 1994

Blisniewski, Thomas:
    »Mutter tadelte Amor« – Maerten van Heemskercks »Venus und Amor« und die Schaulust des Betrachters. In: Kölner MuseumsBulletin. Berichte und Forschungen aus den Museen der Stadt Köln 3.2003, S. 4–16

Boehm, Gottfried:
    Bildnis und Individuum. Über den Ursprung der Porträtmalerei in der italienischen Renaissance. München 1985

Buck, August (Hg.):
    Die Rezeption der Antike. Zum Problem der Kontinuität zwischen Mittelalter und Renaissance. Hamburg 1981

Buck, August:
    Humanismus. Seine europäische Entwicklung in Dokumenten und Darstellungen. Freiburg 1987

Burckhardt, Jacob:
    Die Kultur der Renaissance in Italien. Hg. v. Günther, Horst. Frankfurt am Main 1989

Burke, Peter:
    Die europäische Renaissance. München 1998

Chelazzi Dini, Giulietta; Angelini, Alessandro; Sani, Bernardina:
    Sienesische Malerei. Köln 1997

Deckert, Hermann:
    Zum Begriff des Porträts. In: Marburger Jahrbuch für Kunstwissenschaft 5.1929, S. 261–282

Febvre, Lucien:
    Leben in der französischen Renaissance. Berlin 2000

Gilson, Etienne:
    Les idées et les lettres. Paris 1932

Gombrich, Ernst:
    Studies in the Art of the Renaissance. 1–3. 3 Bde. London 1966, 1972, 1976

Guthmüller, Bodo:
    Studien zur antiken Mythologie in der italienischen Renaissance. Weinheim 1986

Harprath, Richard; Wrede, Henning (Hg.):
    Antikenzeichnung und Antikenstudien in Renaissance und Frühbarock. Akten des internationalen Symposions 8.–10. September 1986 in Coburg. Mainz 1989

Haskell, Francis; Penny, Nicholas:
    Taste and the Antique. The Lure of Classical Sculpture 1500–1900. 2. Aufl. New Haven, London 1982

Hauser, Arnold:
    Der Manierismus. Die Krise der Renaissance und der Ursprung der Modernen Kunst. München 1964

Himmelmann, Nikolaus:
　Ideale Nacktheit. Opladen 1985
Hoesges, Dirk (Hg.):
　Frauen der italienischen Renaissance. Dichterin – Malerin – Komponistin – Herrscherin – Mäzenatin – Ordensgründerin – Kurtisane. 2., überarbeitete und ergänzte Auflage. Frankfurt am Main, Berlin, Bern u. a. 2001
Imdahl, Max:
　Relationen zwischen Porträt und Individuum. In: Max Imdahl. Gesammelte Schriften. Bd. 3 (Reflexion – Theorie – Methode). Frankfurt am Main 1996, S. 591–616
Jäger, Michael:
　Die Theorie des Schönen in der italienischen Renaissance. Köln 1990
König, Eberhard (Hg.):
　Die großen Maler der italienischen Renaissance. 1–2. 2 Bde. o. O. 2007
Kristeller, Paul Oskar:
　Humanismus und Renaissance. Bd. 1: Die antiken und mittelalterlichen Quellen. Bd. 2: Philosophie, Bildung und Kunst. München 1971 u. 1976
Ladendorf, Heinz:
　Antikenstudium und Antikenkopie. Vorarbeiten zu einer Darstellung ihrer Bedeutung in der mittelalterlichen und neueren Zeit. 2. erw. Aufl. Berlin 1958
Mai, Ekkehard unter Mitarbeit von Weber-Woelk, Ursula (Hg.):
　Faszination Venus. Bilder einer Göttin von Cranach bis Cabanel. Ausstellungskat. Köln Wallraf-Richartz-Museum 2000–2001
Nasch, Susie:
　Northern Renaissance Art. Oxford, New York 2008

Panofsky, Erwin:
　Die Renaissancen in der europäischen Kunst. Frankfurt am Main 1979 (erstmals Uppsala 1960)
Perpeet, Wilhelm:
　Das Kunstschöne. Sein Ursprung in der italienischen Renaissance. Freiburg, München 1987
Preimesberger, Rudolf; Hannah Baader; Nicola Suthor (Hg.):
　Porträt. Berlin 1999
Schneider, Norbert:
　Porträtmalerei. Hauptwerke europäischer Bildniskunst 1420–1670. Köln 1994
Seznec, Jean:
　Das Fortleben der antiken Götter. Die mythologische Tradition im Humanismus und der Kunst der Renaissance. München 1990 (erstmals 1940)
Trier, Jost:
　Zur Vorgeschichte des Renaissance-Begriffes. In: Archiv für Kulturgeschichte 33.1950 (1), S. 45–63
Wittkower, Rudolf:
　Allegorie und Wandel der Symbole in Antike und Renaissance. Köln 1983
Woods, Kim. W.; Richardson, Carol M.; Lymberopoulou, Angeliki (Hg.): Viewing Renaissance Art. New Haven, London 2007

BILDNACHWEIS

Covermotiv:
Kuni Taguchi unter Verwendung von Sandro Botticellis »Profilbildnis einer jungen Frau«, um 1480, Berlin, Gemäldegalerie; bpk / Gemäldegalerie, SMB / Jörg P. Anders

Umschlagrückseite:
(l.) akg-images; (o.) akg-images; (u.) akg-images / Rabatti – Domingie; (r.) DEA / G. Nimatallah / akg / De Ago

S. 1 Domenico Ghirlandaio, Porträt einer Frau, um 1490, Williamstown, Sterling & Francine Clark Art Institute / Bridgeman Berlin

S. 6/7 Schule von Fontainebleau, Toilette der Venus, um 1550, Paris, Louvre; Giraudon / Bridgeman Berlin

S. 8 Leonardo da Vinci, Die Dame mit dem Hermelin (Cecilia Gallerani), um 1490, Krakau, Muzeum Czartoryski; akg-images / Erich Lessing

S. 12 Leonardo da Vinci, Porträt der Ginevra de' Benci, um 1478–80, Washington, National Gallery of Art; Bridgeman Berlin

S. 18/19 Sofonisba Anguissola, Das Schachspiel, 1555, Posen, Muzeum Narodowe / akg-images

S. 20/21 akg-images / British Library

S. 22/23 akg-images / Rabatti – Domingie

S. 24/25 Hans Hinz – Artothek

S. 26/27 akg-images / Electa

S. 28/29 akg-images

S. 30/31 akg-images / Erich Lessing

S. 34/35 Lucas Cranach d.Ä., Die Prinzessinnen Sibylla, Emilia und Sidonia von Sachsen, um 1535, Wien, Kunsthistorisches Museum / akg-images / Erich Lessing

S. 36/37 akg-images / André Held

S. 38/39 Walker Art Gallery, National Museums Liverpool / Bridgeman Berlin

S. 40/41 DEA / G. Nimatallah / akg / De Ago

S. 42/43 akg-images

S. 44/45 akg-images / Rabatti – Domingie

S. 46/47 akg-images / Erich Lessing

S. 48/49 akg-images / Erich Lessing

S. 50/51 akg-images

S. 52/53 akg-images

S. 54/55 akg-images / Rabatti – Domingie

S. 56/57 Bridgeman Berlin

S. 58/59 Bridgeman Berlin

S. 60/61 akg-images

S. 62/63 akg-images

S. 64/65 Bridgeman Berlin

S. 66/67 Bridgeman Berlin

S. 68/69 Sotheby's / akg-images

S. 72/73 Girolamo (Gerolamo) di Benvenuto, Katharina von Siena, um 1500 / Fogg Art Museum, Harvard University Art Museums, USA / Gift of Dr. Frank Lee Drummond Rust / Bridgeman Berlin

S. 74/75 akg-images / Erich Lessing

S. 76/77 akg-images

S. 78/79 akg-images / Pirozzi

S. 80/81 Bridgeman Berlin

S. 82/83 Alinari 2006 / Artothek

S. 84/85 akg-images / Cameraphoto

S. 86/87 Hans Hinz – Artothek

S. 88/89 akg-images / Erich Lessing

S. 90/91 Fogg Art Museum, Harvard University Art Museums, USA / Gift of Dr. Frank Lee Drummond Rust / Bridgeman Berlin

S. 92/93 Blauel / Gnamm – Arothek

S. 96/97 Giorgione (von Tizian vollendet), Ruhende Venus, um 1508/10, Dresden, Gemäldegalerie Alte Meister / akg-images / Erich Lessing

S. 98/99 akg-images

S. 100/101 akg-images / Erich Lessing sowie DEA / akg / De Ago

S. 102/103 akg-images / Erich Lessing

S. 104/105 bpk / Gemäldegalerie, SMB / Jörg P. Anders

S. 106/107 akg-images / Erich Lessing

S. 108/109 akg-images / Erich Lessing

S. 110/111 Bridgeman Berlin

S. 112/113 Giraudon / Bridgeman Berlin

S. 114/115 akg-images / Erich Lessing

S. 116/117 akg-images

S. 118/119 Boston, Isabella Stewart Gardner Museum / Bridgeman Berlin

S. 120/121 Bridgeman Berlin

S. 122/123 akg-images / Erich Lessing

S. 124/125 akg-images / Erich Lessing

S. 126/127 akg-images / Rabatti – Domingie

S. 128/129 akg-images

S. 136 akg-images

REGISTER

Die kursiven Ziffern markieren die Abbildungen im Buch.

Akrisios von Argos 116
Alberti, Leon Battista 10
Albrecht VII. von Österreich 57
Aldrovandi Hercolani, Ginevra 66
Alfons von Portugal 118
Ammanati, Bartolomeo 22
Amor 129
Anguissola, Amilcare 28, 30
Anguissola, Sofonisba 17, 24, 28f., 30f., 56f.
   Das Schachspiel *31*
   Isabella Clara Eugenia von Österreich, Infantin von Spanien und Portugal *56*
   Selbstbildnis *29*
Anna von Cleve 33, 40, 50
Apollodor 116
Ashby, Anne 63
Athene 11

Battiferri, Laura 22f.
Beatrice d'Este 75
Bembo, Bernardo 59
Boccaccio, Giovanni 24, 38
Böhm, Gottfried 49
Boleyn, Anne 40, 68
Botticelli, Sandro 100f., 104f.
   Die Geburt der Venus 14, *101*
   Profilbildnis einer jungen Frau *105*
Bramante 123
Brodone, Paris 36f.
   Bildnis einer Frau aus dem Hause Fugger *37*
Bronzino, Agnolo 22f., 44f.
   Bildnis der Laura Battiferri *23*
   Eleonora von Toledo mit ihrem Sohn Giovanni de' Medici *45*

Carpaccio, Vittore 84f.
   Zwei venezianische Damen auf einer Terrasse *85*
Cellini, Benvenuto 22
Christus, Petrus 86f.
   Bildnis einer jungen Frau *87*
Clouet, Jean 38f.
   Bildnis der Margarete von Angoulême *39*
Cranach d. Ä., Lucas 48f., 50f., 106f.
   Lucretia 107, *106*
   Die Prinzessinnen Sibylla, Emilia und Sidonia von Sachsen *48*
   Sibylle von Cleve *51*

d'Albret, Henri 38
da Vinci, Leonardo 11, 52f., 54, 58f., 74f., 86, 112
   Die Dame mit dem Hermelin (Cecilia Gallerani) *74*
   Ginevra de' Benci *58*
   Mona Lisa 53, 54, 86
Danae 95, 116
de Lorris, Guillaume 20
de Meung, Jean 20
de Pizan, Christine 17, 20f.
   Christine de Pizan übergibt ihr Buch Elisabeth von Bayern *21*
de' Medici, Cosimo I. 33, 44
de' Medici, Francesco 44
de' Medici, Giovanni 44

del Giocondo, Francesco 52
del Pollaiuolo, Antonio 118
del Pollaiuolo, Piero 102, 104, 118f.
   Profilbildnis einer Frau *119*
del Verrocchio, Andrea 59
della Francesca, Piero 10f.
Diana 11
di Cosimo, Piero 78f., 102f., 104
   Maria Magdalena 71, *79*
   Simonetta Vespucci *103*
Doni, Agnolo 54
Dürer, Albrecht 10, 11, 49, 50, 71, 76f., 83
   Bildnis der Barbara Holper, Mutter des Künstlers *76*
   Maria mit dem Kind (Madonna mit der Birne) 71, *89*

Eleonora von Toledo 33
Elisabeth von Bayern 20
Elisabeth von Valois 57
Elizabeth I. 33, 40
Emilia von Sachsen 49

Fiorentino, Rosso 112
Flora 99
Fontana, Lavinia 17, 26f., 66f.
   Bildnis der Ginevra Hercolani als Witwe *67*
   Selbstbildnis am Spinett mit Dienerin *26*
Franz I. 33, 36, 38, 64, 112
Friedrich III. 47
Fugger, Anton 36
Fugger, Jakob 36
Fugger, Raymund 36

Gallerani, Cecilia 75
Gentileschi, Artemisia 27
Gherardini, Lisa 52
Ghirlandaio, Domenico 120f.
   Porträt einer Frau *121*
Ginevra de' Benci 59
Giorgione 109, 124f., 127, 129
   Ruhende Venus *124*
Girolamo (Gerolamo) di
   Benvenuto 71, 90f.
   Katharina von Siena bittet
   Christus, die sterbende Schwester Palmerina aus dem Pakt
   mit dem Teufel zu entlassen
   71, *90*
Gossaert, Jan 116f.
   Danae *117*
Gregor XI., Papst 91
Gregor XIII., Papst 27
Grien, Hans Baldung gen. 107, 110f.
   Judith 107, *110*
Guidobaldo II. della Rovere 127, *124*
Guildford, Henry 60, 63

Habsburger, Meister der *siehe*
   Reiser, Niclas
Heinrich der Fromme 49
Heinrich IV. 38
Heinrich VIII. 33, 40, 50, 60, 68
Helena 15
Hercolani, Ercole 66
Herzog Erich II. 49
Holbein d. J., Hans 40f., 49, 60f., 62f.
   Bildnis der Mary Wotton, Lady Guildford *61*
   Dame mit Eichhörnchen und Star *62*
   Jane Seymour *41*
Holofernes 111
Holper, Barbara 77
Horenbout, Hans Gerard 60
Howard, Catherine 40

Isabella Clara Eugenia 33, 57
Isabella d'Este 52
Isabella von Portugal 33, 43

Jesus Christus 11, 15, 28, 78, 80, 83, 88, 91
Johann Friedrich I. 50
Johann III. 50
Johanna die Wahnsinnige 64
Johannes der Täufer 83
Judith 95, 107, 111
Julius II., Papst 10, 123
Jupiter 116
Justitia 107

Karl der Kühne 47
Karl V. 20, 33, 38, 43, 47, 50, 64
Katharina von Aragón 40
Katharina von Mecklenburg 49
Katharina von Siena 71, 91
Kauffmann, Angelika 60
Kleopatra 102
Konstantin, Kaiser 15

Lady Guildford *siehe* Wotton, Mary

Laokoon 11, 95
Le Strange of Elsing, Robert 63
Leo X., Papst 83
Lippi, Filippo 92f.
   Verkündigung an Maria *92*
Lovell, Sir Francis 63
Lucius Tarquinius Collatinus 107
Lucretia 107, 109
Ludovico il Moro 75
Lukas, Evangelist 28

Manuel I. 64
Margarete von Angoulême *siehe*
   Margarete von Navarra
Margarete von Navarra 33, 38
Maria (Muttergottes) 15, 28, 71, 83, 88, 93, 116
Maria Magdalena 15, 71, 78, 80
Maria von Burgund 47, 64
Maria von Jülich-Berg 50
Maria von Magdala *siehe* Maria Magdalena
Mars 129
Massys d. J., Quentin 60, 68f.
   Elizabeth I. *69*
Maximilian von Österreich 47
Medici, Familie 54, 100, 118, 120
Michelangelo 120, 122f., 129
   Die Delphische Sibylle *122*

Ovid 109

Palma il Giovane 114
Palmerina 91
Parr, Catherine 40
Patrizi, Francesco 95

Perseus 116
Petrarca, Francesco 22
Philipp II. 28, 33, 57
Philipp der Schöne 64
Philipp von Burgund 116
Pius II. 91
Poliziano, Angelo 100, 102
Praxiteles 100f.
   Venus im Typus »Venus pudica«, der schamhaften Venus *101*
Primaticcio 112

Raffael 54f., 71, 82f., 123
   Bildnis der Maddalena Doni *55*
   Madonna della sedia (Madonna della seggiola) 71, *82*
Reiser, Niclas (?) 46f.
   Maria von Burgund *46*
Rubens, Peter Paul 57

Savoldo, Giovanni Girolamo 71, 80f.
   Hl. Maria Magdalena nähert sich dem Grab Jesu 71, *81*
Schule von Fontainebleau 112f.
   Toilette der Venus *113*
Seymour, Jane 40
Sibylla von Sachsen 49
Sibylle von Jülich-Cleve-Berg 50
Sidonia von Sachsen 49
Sixtus IV., Papst 123
Strozzi, Maddalena 54

Tarquinius Sextus 109
Tarquinius Superbus 109
Tasso, Torquato 22

Tintoretto 107
Titus Livius 109
Tizian 42f., 109, 114, 125, 126f., 129
   Isabella von Portugal *42*
   Ruhende Venus (Venus von Urbino) *126*

Valerius Maximus 68
van Cleve, Joos 60, 64f.
   Bildnis der Eleonore von Kastilien, Königin von Frankreich *65*
van Dyck, Anthonis 60
van Eyck, Jan 86
van Heemskerck, Maerten 128f.
   Venus und Amor *128*
van Hemessen, Catharina 17, 24f., 27, 29
   Selbstbildnis *25*
van Hemessen, Jan 24
Vasari, Giorgio 11, 17, 80
Vecchio, Palma 114f.
   Bildnis einer jungen Dame (La Bella) *115*
Veneto, Bartolomeo 98f.
   Idealbildnis einer Kurtisane als Flora *98*
Venus 95, 100, 109, 112, 125, 127, 129
Veronese, Paolo 108f.
   Lucretia *108*
Vespucci, Simonetta 102, 104
Vulcanus 129

Wolgemut, Michael 77
Wotton, Mary 60